하나님의
완전한
기적의 치유

믿는 자에게 약속하신 신유의 보증
## 하나님의 완전한 기적의 치유
GOD's Guarantee to heal you

---

펴낸날 1판 1쇄 2025년 7월 31일

지은이  A. A. 앨런(Asa Alonso Allen)
옮긴이  임은묵
펴낸이  이환호
디자인  박지영

펴낸곳  도서출판 예찬사
등록  1979.1.16 제 2018-000103호
주소  경기도 고양시 덕양구 중앙로 557번길 8-9
      엠앤지프라자 407-2호
전화  02-798-0147
팩시밀리  02-798-0145, 031-979-0145
블로그  blog.naver.com/yechansa
이메일  octo0691@naver.com

ISBN 978-89-7439-919-1  03230

\*좋은 책은 좋은 사람을 만듭니다.
예찬사는 기독교 출판 실천윤리강령을 준수합니다.

*GOD's Guarantee to heal you*

믿는 자에게 약속하신 신유의 보증

# 하나님의 완전한 기적의 치유

A. A. 앨런 지음 | 임은묵 옮김

예찬사

**일러두기**
이 책의 성구는 기본적으로 개역개정이 사용되었으며, 그 외 성경역이 사용된 경우에는 따로 표시하였습니다.

죄와 질병은 마귀에게 속한 것이다
하나님은 못 고치는 질병이 없으시다

차
례

| | | |
|---|---|---|
| | 옮긴이의 말 | 8 |
| Chapter 01 | 치유는 하나님의 완전한 보증이다 | 14 |
| Chapter 02 | 병든 사람들을 위한 교훈들 | 22 |
| Chapter 03 | 치유는 하나님의 뜻이다 | 40 |
| Chapter 04 | 질병에는 원인들이 있다 | 56 |
| Chapter 05 | 치유는 절대적 믿음이 필요하다 | 74 |
| Chapter 06 | 하나님께서 주시는 믿음을 소유하라 | 80 |
| Chapter 07 | 믿음을 방해하는 장애물을 제거하라 | 97 |
| Chapter 08 | 치유에 대한 오해들 | 109 |
| Chapter 09 | 많은 사람이 치유 받지 못하는 이유들 | 126 |
| Chapter 10 | 치유하는 방법들 | 154 |
| Chapter 11 | 누가 치유의 능력을 가지고 있을까? | 171 |
| Chapter 12 | 당신의 치유된 건강을 유지하라 | 190 |
| Chapter 13 | 기적을 행하는 능력을 받는 법 | 199 |

옮긴이의 말

　이 책 『하나님의 완전한 기적의 치유』는 단순히 시간의 흐름을 견뎌낸 고전이 아닙니다. 지금 이 순간, 하나님의 치유와 회복을 갈망하는 우리에게 하늘로부터 내려온 귀한 선물이라 나는 확신합니다.
　사실 이 책의 번역은 나 개인의 삶 속에서 깊은 영적 전환점이자 치유의 여정 그 자체였습니다. 번역을 할 무렵, 나는 하나님의 손길이 절실한 시기를 지나고 있었습니다. 삶의 무게와 예측할 수 없는 고난 앞에서 나약함을 느끼고 있을 때였습니다. 설상가상으로, 사랑하는 나의 아들도 하나님의 기적의 치유가 절실히 필요한 상황에 처하게 되었습니다. 아이의 고통을 지켜보며 아빠로서 느끼는 절망감과 무력감은 나를 더욱 겸손하게 만들었고, 오직 하나님만을 바라보게 했습니다. 바로 그 간절함 속에서 이 책을 번역했습니다.
　이 책은 마치 광야를 헤매는 자에게 오아시스를 발견하게 하는 기쁨처럼, 내 영혼에 생명수를 부어주었습니다. A. A. 앨런은 성경 말씀에 기초하여, 질병이 결코 하나님의 뜻이 아니며, 죄와 마찬가지로 마귀에게서 비롯된 것임을 명확하게 선포합니다. "나는 너희를 치료하는 여호와임이라"(출 15:26) 하신 하나님의 선언은, 이 책을 통해 내 심령에 더 깊이 새겨졌습니다. 이는 우리를 향한 하나님의 변치 않는 사랑과 능력을 확증하는 약속입니다.

나는 이 책의 메시지가 살아 계신 하나님의 말씀임을 온몸으로 경험했습니다. 내 안에 믿음이 자라났고, 내 영혼이 강건해지는 것을 느꼈습니다. 특별히, 하나님의 치유는 우리의 간절함과 믿음을 통해 이루어진다는 저자의 메시지는 내 삶에 강력한 도전이었습니다. 우리가 의사가 처방한 약을 신뢰하고 복용하듯이, 하나님의 말씀과 그분의 뜻을 전적으로 신뢰하고 순종할 때, 그분께서 약속하신 완전한 치유가 우리 삶에 현실이 될 수 있습니다.

앨런은 믿음의 중요성을 끊임없이 강조합니다. 치유를 갈망하는 자는 먼저 하나님의 말씀을 듣고, 묵상하며, 그 말씀이 심령 속에 뿌리내리게 해야 한다고 말합니다. "믿음은 들음에서 나며 들음은 그리스도의 말씀으로 말미암았느니라"(롬 10:17) 하는 말씀처럼, 우리는 하나님의 치유 약속들로 우리의 영혼을 가득 채워야 합니다. 사도행전과 마가복음에 기록된 놀라운 치유 기적들을 깊이 연구하고 묵상하는 것이 우리의 믿음을 견고하게 하는 길임을 이 책은 분명히 보여주었습니다.

또한, 이 책은 치유를 가로막는 영적인 장애물들을 제거하는 데 집중합니다. 죄, 불신, 그리고 두려움은 하나님께서 주시고자 하는 치유의 흐름을 방해할 수 있음을 경고합니다. 특히, 내 마음을 울렸던 부분은 욥의 고난을 통해 '두려움'이 사탄에게 우리를 공격할 빌미를 제공한다는 것이었습니다. 두려움은 사탄의 문을 여는 열쇠가 될 수 있음을 깨닫고 내 내면을 돌아보게 되었습니다. 즉시 회개하고, 죄에서 돌이키며, 모든 불신과 두려움을 예수 그리스도의 이름으로 물리치는 것이 얼마나 중요한지를 이 책을 통해 절실히 배웠습니다.

앨런은 기도와 금식의 영적인 능력에 대해 깊이 다룹니다. 예수님께서 "기도와 금식 외에는 이런 유가 나갈 수 없느니라"(막 9:29) 하고 말씀하신 것처럼, 우리가 영적인 전쟁에서 승리하고 하나님의 강력한 응답을 받기 위해서는 끈질긴 기도와 금식이 필수적임을 강조합니다. 저자 자신의 간증, 즉 금식 기도를 통해 어떻게 사탄의 견고한 진을 파하고 하나님의 승리를 경험했는지는 독자들에게 큰 영적 각성과 용기를 줄 것입니다. 나 또한 기도를 더 깊이 하고 금식의 중요성을 재발견하게 되었습니다.

하나님과의 친밀한 교제의 중요성 또한 이 책의 핵심 메시지 중 하나입니다. 우리가 하나님의 말씀의 빛 가운데 행하지 않고는 그분과 진정한 교제를 나눌 수 없으며, 불순종은 우리의 믿음을 파괴한다는 엄중한 경고는 우리의 삶을 다시 돌아보게 합니다. 그리스도 안에 거하며 그분께서 행하신 대로 행하는 삶이 진정한 믿음을 소유하고 하나님의 능력을 경험하는 길임을 저자는 제시합니다.

특히, 이 책의 빛을 통해 오늘날 많은 교회가 잃어버린 '초자연적인 하나님의 능력'에 대한 강력한 외침은 내 마음을 뜨

겁게 했습니다. 앨런은 기적과 치유의 능력을 부인하는 근대주의 신학과 교회들에 대해 날카롭게 비판하며, 오직 순전한 복음이 선포되고 하나님의 능력이 온전히 인정되는 교회에서 신앙생활하며 믿음을 세워갈 것을 강력히 권면합니다. 이는 오늘날 능력 없는 형식적인 신앙생활에 젖어 있는 우리에게 큰 도전이 될 것입니다.

이 책은 또한 '치유의 은사'와 '능력 행함의 은사'의 차이점을 설명하며, 하나님께서 모든 질병을 치유하실 수 있다는 강력한 믿음을 심어줍니다. 설령 치유가 즉시 일어나지 않더라도, 우리는 낙심하지 말고 예수님께서 이미 십자가에서 우리의 질병을 위해 채찍에 맞으셨다는 진리를 굳게 붙들고 계속해서 하나님을 찬양해야 합니다. 저자의 글 속에서 느껴지는 흔들림 없는 믿음은 많은 독자에게 인내하며 하나님을 신뢰할 힘을 줄 것입니다.

결론적으로, 십자가에서 예수 그리스도께서 우리의 모든 죄악뿐만 아니라 우리의 모든 질병까지도 담당하셨다는 이 놀라운 진리는 이 책의 가장 강력하고 핵심적인 메시지입니다. 이 진리 위에 굳건히 서서 마귀를 대적하고, 치유받은 후에는 간증을 통해 하나님께 영광을 돌리는 삶을 살아야 한다는 메시지는 우리에게 새로운 삶의 방향을 제시합니다.

나는 이 책이 하나님의 치유가 절실한 이 시대의 한국인들에게 참된 소망과 강력한 믿음을 불어넣어 줄 것이라고 확신합니다. 이 책이 한국 교회와 모든 성도에게 더 넓게 전파되어, 수많은 이가 영육 간에 하나님의 완전한 치유를 경험하고 강건해지는 놀라운 역사가 일어나기를 간절히 기도합니다. 이 책을 읽는 모든 독자 위에 하나님의 풍성한 은혜와 기적적인 치유가 충만히 임하기를 축복합니다.

임은묵

## CHAPTER 01

# 치유는 하나님의 완전한 보증이다

"믿음의 기도는 병든 자를 구원하리니 주께서 그를 일으키시리라. 혹시 죄를 범하였을지라도 사하심을 받으리라"(약 5:15).

"믿는 자들에게는 이런 표적이 따르리니 곧 그들이 내 이름으로 귀신을 쫓아내며 새 방언을 말하며 뱀을 집어 올리며 무슨 독을 마실지라도 해를 받지 아니하며 병든 사람에게 손을 얹은즉 나으리라 하시더라"(막 16:17, 18).

"나는 너희를 치료하는 여호와임이라"(출 15:26b).

그리스도인은 하나님의 말씀을 절대로 의심해서는 안 됩니다. 왜냐하면, 하나님께서는 거짓말을 하실 수 없기 때문입니다. 하나님께서는 무엇을 말씀하시든 간에 그것을 실행하십니다. 성경은 하나님께서 말씀하신 것을 이미 실행하셨고, 현재도 실행하시고 있으며 미래에 대한 약속을 실행하실 것을 말씀합니다.

"하나님은 사람이 아니시니 거짓말을 하지 않으시고 인생이 아니시니 후회가 없으시도다. 어찌 그 말씀하신 바를 행하지 않으시며 하신 말씀을 실행하지 않으시랴"(민 23:19).

하나님께서는 이 세상을 심판하시기 전에 스스로 하신 모든 약속을 실행하실 것입니다.

누구든지 자신이 믿을 가치가 없는 사람이라는 것이 다른 사람들에 의해 증명되기 전까지는 그들에게 신뢰받을 자격이 있습니다. 하나님께서는 그 어떤 사람들보다 더 신뢰해야 하는 분이십니다. 이는 그분께서는 언제나 모든 약속을 지키시기 때문입니다.

전능하시고 변함이 없으신 하나님께서는 당신의 질병들을 모두 치유하실 것이라고 약속하셨습니다. 이 약속은 단지 하나님의 소원이나 생각이나 가능성에 대해서 말하는 것이 아닙니다. 이것은 확실한 약속입니다. 이것은 명백하고 절대적인 하나님의 말씀입니다.

"내 영혼아 여호와를 송축하며 그의 모든 은택을 잊지 말지어다. 그가 네 모든 죄악을 사하시며 네 모든 병을 고치시며"(시 103:2-3).

**하나님의 약속을 믿으라**

하나님께서는 어떤 질병이든지 치유하십니다. 당신이 지니고 있는 질병이 어떤 것이든지, 그것은 하나님께서 치유하시기로 약속하신 것 중의 하나일 뿐입니다.

하나님께서는 당신의 죄를 용서하시기로 약속하셨고, 당신의 질병을 고치시기로 약속하셨습니다. 그리고 하나님께서는 거짓말을 하실 수 없습니다.

"의인은 고난이 많으나 여호와께서 그의 모든 고난에서 건지시는도다"(시 34:19.)

이 말씀은 하늘에 앉으신 하나님의 입술에서 나온 또 하나의 영광스러운 약속입니다.

하나님께서는 자기의 언약을 깨실 수 있을까요?

또는 그분의 입술에서 나온 말씀을 바꾸실 수 있을까요? 아닙니다. 그것은 백만 번이라도 불가능합니다.

"내 언약을 깨뜨리지 아니하고 내 입술에서 낸 것은 변하지 아니하리로다"(시 89:34).

하나님께서는 절대로 이 약속들을 바꾸셔서 "나는 너희 질병의 일부만을 치유하는 하나님이라" 하시거나 "나는 너희 고난 중에 몇 가지에서만 구원하는 하나님이니라" 하고 말씀하시지 않을 것입니다. 하나님께서는 약속하신 그대로 실행하십니다. 그분께서는 모든 고난과 모든 질병으로부터 당신을 구원하십니다.

주님께서는 "나는 너희를 치료하는 여호와이니라" 하고 선포하셨습니다(출 15:26b). 만약 주님께서 어제 자기 백성을 치유하셨다면, 그분께서는 오늘도 여전히 자기 백성을 치유하십니다. 왜냐하면, 그분께서는 변함이 없으시기 때문입니다. 예수 그리스도는 어제나 오늘이나 영원토록 동일하십니다(히 13:8). 우리는 그분께서 어제 하신 일들을 통해서 내일 어떤 일을 하실지에 대해서 알게 됩니다. 어제 병든 사람들을 치유하신 그리스도는 오늘도 병든 사람들을 치유하십니다.

예수님께서 "믿는 자들에게는 이런 표적이 따르리니"라고 말씀하신 것은 진정으로 믿는 자들에게 이런 표적이 따를 것이라는 의미로써 말씀하신 것일까요? 물론입니다. 진정 그렇습니다. 그분께서는 자기가 말씀하신 것을 그대로 하실 것이라고 말씀하셨습니다.

그분께서는 "곧 그들이 내 이름으로 귀신을 쫓아내며 새 방언을 말하며 뱀을 집어 올리며 무슨 독을 마실지라도 해를 받지 아니하며 병든 사람에게 손을 얹은즉 나으리라"(막 16:17-18) 하고 약속하셨습니다.

하나님께서는 믿는 사람이 당신에게 손을 얹을 때 당신이 모든 질병과 아픔으로부터 회복될 것이라고 약속하셨습니다. 하나님께서는 문자 그대로 시행하십니다. 당신은 치유될 것입니다. 당신의 치유는 그대로 일어날 것입니다.

하나님께서 거짓말을 하실 수 있을까요?

없습니다. 이 진리를 믿고 받아들이세요. 그리하면 그대로 될 것입니다.

하나님의 약속 위에 굳게 서 있으십시오.

하나님의 말씀을 암기하십시오.

하나님의 말씀을 인용하십시오.

그 말씀을 당신 자신이 들을 수 있도록 반복해서 묵상하십시오.

그 말씀이 당신 속에 완전히 뿌리를 내릴 때까지 그렇게 하십시오.

당신이 그 말씀을 실제로 믿어질 때까지 그렇게 하십시오.

당신이 그 말씀을 믿을 때 치유 받을 것입니다.

**하나님께서는 자신의 말씀을 그대로 이루십니다**

하나님께서는 "내가 내 말을 지켜 그대로 이루려 함이라"(렘 1:12)고 말씀하셨습니다. 하나님께서는 자기가 하신 말씀을 하늘과 땅에서 그대로 이루십니다.

이 세상을 무에서 유로 창조하신 하나님께서 자기가 하신 말씀을 지켜 그대로 이루려 하신다고 말씀하십니다. 그분께서는 모든 전능한 힘을 다하여 그 약속들을 지키실 것입니다. 그 어떤 것도 하나님께서 약속하신 것을 지키지 못하도록 방해하지 못합니다. 또한, 하나님께서 직접 하신 말씀을 대적할 수 있는 것도 없습니다.

이것은 문자 그대로 하나님의 입술에서 나온 보증입니다. 이것은 당신의 모든 질병과 아픔과 고통을 치유하시고자 하는 보증입니다.

이 세상에는 하나님의 보증보다 더 위대한 능력이나 성실로 보증할 수 있는 사람은 없습니다. 보증은 보증된 내용이 그대로 이루어지기 전에는 아무런 효력을 발휘할 수 없습니다. 방침에 따라서 이루어지지 않는 것은 보증이 아닙니다.

하나님의 약속은 광범위하고 풍부합니다. 만약 당신이 하나님의 약속들을 믿고 받아들이고 그대로 행하기만 한다면, 그것들은 당신을 위해 역사할 것입니다.

나는 하나님께서 약속하신 것들을 믿음으로 요구하는 많은 사람이 각색 질병으로부터 치유되는 광경을 보면서 재삼 놀라고 있습니다. 내가 하나님께서 믿는 자에게 약속하신 것을 겸손히 요구하면서 병든 사람들에게 안수했을 때, 고통스럽고 무시무시한 질병들이 즉석에서 사라지거나 그 시로부터 치유되기 시작했습니다. 나는 다른 사역자들이 하나님께서 약속하신 것을 믿음으로 말미암아 그들의 사역 속에서 이와 같은 결과들이 나타나는 것을 보았습니다.

그러나 어떤 사람들은 애절한 모습으로 집회장소를 빠져

나갔습니다. 그들은 다른 사람들이 받은 것을 받고자 소망했지만, 아무 일도 일어나지 않았습니다. 왜 그랬을까요? 왜냐하면, 그들은 하나님께서 제시하시는 모든 필요조건을 맞추는 것의 중요성을 깨닫지 못했기 때문입니다. 그들은 자신들이 치유 받기 위해서 해야 할 것들을 깨닫지 못했든지, 아니면 그들이 하나님의 요구들을 따르더라도 치유가 일어날지 안 일어날지에 대해서 생각해본 적이 없든지 했습니다.

### 하나님의 처방전을 따라야 한다

수많은 사람이 질병의 문제들을 가지고 의사를 찾아갑니다. 의사는 그들에게 복잡한 지시를 하면서 2-3병의 알약을 줍니다. 예를 들면, 핑크 알약은 2시간마다 복용할 것, 흰색 알약은 하루에 세 번 복용할 것, 회색 알약은 취침 전에 복용할 것, 그리고 식이요법을 준수할 것 등을 지시합니다. 의사의 지시가 아무리 복잡하다 할지라도, 그들은 그 지시를 신중하게 따릅니다. 그들은 의사의 모든 지시를 따르므로 조금이나마 통증을 줄일 수 있기를 소망합니다. 하지만 만약 그 처방이 효과가 없다면, 그들은 다른 방법을 찾아볼 것입니다.

그러나 하나님께서 당신이 하나님의 모든 가르침을 따를 때 완전히 치유될 것이라고 보증하신다면, 당신은 그 가르침들이 무엇인지를 알아보기 위해서 시간을 투자할 것이 분명합니다. 만약 당신이 의사의 처방을 신뢰하듯 하나님의 가르침들을 신중하게 따른다면, 치유 받지 못하는 상황은 벌어지지 않을 것입니다.

2장부터는 치유가 필요한 사람들을 위한 성경에 기록된 하나님의 가르침들에 대해서 말하고자 합니다.

당신은 치유 받기를 원합니까?

당신이 질병을 치유 받고자 하는 소원보다 하나님께서 당신의 질병이 치유 받기를 바라는 소원하심이 더 큽니다. 만약 당신이 이 가르침들을 신중하게 따른다면, 하나님께서는 자기의 이름을 걸고서 당신이 받을 치유를 보증하실 것입니다. 기도하면서 심도 있게 읽어보세요. 그리고 그 가르침들에 신실하게 순종하세요.

당신이 신뢰할만한 친구의 약속들을 받아들이는 것같이 하나님의 약속들을 받아들이십시오. 만약 그렇게 한다면, 지금 이 시각에 당신은 치유 받음으로 인하여 기뻐할 것입니다.

## CHAPTER 02

# 병든 사람들을
# 위한 교훈들

"훈계를 굳게 잡아 놓치지 말고 지키라. 이것이 네 생명이니라"(시 4:13).

당신이 치유 받을 뿐만 아니라 당신의 생명을 건지기 위해서는 이 책에 기록되어 있는 훈계들을 전적으로 지키십시오. 지금 무덤에 갇혀 있는 수천 수만의 영혼들이 치유(divine healing)에 대한 바른 가르침을 받았었더라면, 그들은 오늘도 건강한 삶을 온전히 즐기고 있을 것이 분명합니다. 지금 이 순간에도 수백만의 사람들이 질병으로 인하여 삶을 허비하고 있습니다. 그들은 바른 가르침을 받기 전에는 그런 식으로 인생을 마감할 것입니다.

당신에게 믿음이 부족한 이유는 당신이 가르침을 제대로

받지 못했기 때문일 수도 있습니다. 심지어 예수 그리스도께서도 나사렛에서 별다른 기적을 일으키지 못했습니다(막 6:5 참조). 그분께서 나사렛에서 하실 수 있는 일이라고는 고작 몇몇 병든 사람에게 안수하여 치유하는 것이었습니다. 그분께서는 나사렛 사람들이 믿지 않는 것에 대해서 이상하게 생각하셨습니다. 물론 나사렛 사람들이 불신했던 것은 그들에게 적절한 가르침이 없었기 때문입니다.

**"이에 모든 촌에 두루 다니시며 가르치시더라"**(막 6:6b)

하나님께서는 사역을 위한 직임의 은사 중의 하나로써 교회에 교사들을 세우셨습니다(고전 12:28 참조). 그러나 사람 중에는 건전한 가르침과 훈계의 유익이 어떠한지를 인식하는 이들이 적습니다.

나의 치유집회에 참석하기 위해서 먼 곳에서 찾아온 사람 중에 다수는 치유를 위한 안수기도를 받기 전에 먼저 예비적인 가르침을 위한 모임에 참석하라는 요구를 받으면 화를 냅니다.

예비모임에 참석하지 않은 사람 중에 많은 이들은 오직 치유를 위한 안수기도를 받으려고 줄을 서기 위해 집회에 참석하기 때문에 바른 가르침을 받지 못합니다.

그들에게 유익한 가르침이 주어졌어도 그들의 마음은 그 가르침을 받아들이지 않았습니다. 이러한 사람들은 성경의 가르침의 가치가 어떠한지를 깨닫지 못합니다. 많은 경우에 믿음이 적은 사람들은 올바른 가르침을 받지 못한 이들입니다. 그들은 그러한 가르침을 받지 못했거나 그러한 가르침을 받았을지라도 받아들이지 않았기 때문입니다. 이와는 반대로, 진정한 믿음을 활용하는 사람들은 하나 예외 없이 하나님의 약속을 믿고, 또한 가르침을 받기 위해서 시간을 할애하는 사람들입니다.

"훈계를 들어서 지혜를 얻으라. 그것을 버리지 말라"(잠 8:33).

### 당신의 믿음을 일으키세요

수많은 사람이 질병으로 긴 세월 고통당하고 있습니다. 그들은 유명한 치유 사역자들을 찾아가서 안수를 받곤 합니다. 하지만 그들은 여전히 치유를 받지 못하고 있습니다. 이러한 사람들은 자신들이 치유되기 위해서는 오직 치유의 능력을 가진 사역자가 그들에게 기도하는 집회에 참석하여 줄을 서서 안수 받아야 한다고 생각하는 듯합니다. 그들은 그날이 그들에게 운 좋은 날이 되기를 바라고 있습니다.

치유는 변하지도 않고 변할 수도 없는 하나님의 말씀에 근거한 믿음이 있어야 합니다. 그들에게는 올바른 가르침이 필요하다는 것에는 질문의 여지가 없습니다.

"모든 성경은 하나님의 감동으로 된 것으로 교훈과 책망과 바르게 함과 의로 교육하기에 유익하니"(딤후 3:16).

치유를 갈망하는 사람들은 가능한 대로 모든 가르침을 받아야 합니다. 그렇게 해야 하는 이유는 그들이 치유기도를 받게 하기 위함이 아니라 그들의 믿음을 세우기 위함입니다. 그렇게 하므로 그들은 하나님께서 그들을 위해 예비하신 것들을 받을 수 있게 되는 것입니다.

"믿음이 없이는 하나님을 기쁘시게 하지 못하나니"(히 11:6a).

"믿음은 들음에서 나며 들음은 그리스도의 말씀으로 말미암았느니라"(롬 10:17).

치유를 구하는 사람들은 자신들의 심령에 치유에 대한 하나님의 약속들로 가득 채워야 합니다.

당신의 믿음을 일으켜주는 성경구절들을 읽고 외우십시오.

특히 사도행전과 마가복음을 읽으세요. 읽으면서 가능한 대로 많은 구절을 암기하세요. 사도행전과 마가복음에 기록되어 있는 강력한 치유기적들에 대한 내용들을 공부하세요.

그리하면 당신은 당신의 믿음이 얼마나 성장하고 있는지를 느끼게 될 것입니다. 당신의 믿음이 파도처럼 밀려올 때, 당신의 믿음이 흔들리지 않을 때, 그때가 바로 당신이 안수기도를 받기 위해 강단 앞으로 나와야 할 시간입니다.

그리하면 당신은 그리도 학수고대하던 치유를 받을 수 있게 되는 것입니다.

**장애물들을 제거하라**

이제는 "믿음을 방해하는 장애물들"에 대해서 알아보고자 합니다. 모든 장애물이 제거될 때까지 이 책을 기도하면서 읽고 또 읽으세요.

하나님의 말씀을 공부하세요. 하나님께서는 신실하고 성실하고 마음이 열려 있는 사람들에게 성경을 통하여 말씀하실 것입니다. 하나님께서는 당신의 인생길에 새로운 빛이 비치면, 당신이 그 빛 가운데로 행하기를 원하십니다. 이는 새로운 빛에는 새로운 의무가 따르기 때문입니다.

당신은 하나님의 말씀을 듣기만 하는 사람이 아니라 순종하는 사람이 되어야 합니다. 혹 당신 안에 악한 것이 있는지 당신의 마음을 헤아려보세요. 만약 하나님께서 당신의 삶에 있는 죄를 드러내신다면, 당신은 즉시 그 죄를 회개해야 합니다.

죄에서 떠나세요.

새빨갛게 달아오른 쇳덩어리를 땅에 내팽개치듯이, 당신의 죄를 내팽개쳐버리세요.

몇 개의 중대한 죄만을 가지치기하듯이 잘라내는 것으로 만족하지 마시고 사소한 죄들도 하나같이 잘라내십시오.

**기도와 금식**

기도와 금식은 당신의 치유를 준비하기 위해 중요합니다. 우리는 성경의 구약과 신약 곳곳에서 하나님의 위대한 사람들은 기도하면서 금식했던 사람들인 것을 발견하게 됩니다. 하나님의 능력이 그들의 삶 속에서 드러났으며, 그들은 기적을 행하고 병든 사람들을 치유했습니다.

그리스도께서는 금식은 물론이거니와 기도에 대해서도 가르치셨습니다. 제자들이 귀신 들린 아이를 치유하는 데 실패했을 때, 예수님께서는 그들에게 "기도와 금식 외에는 이런 유가 나갈 수 없느니라"(막 9:29)고 말씀하셨습니다. 하나님께서는 금식을 기뻐하십니다. 이것에 대해서는 이사야 58장 6절에 설명되어 있습니다.

"나의 기뻐하는 금식은 흉악의 결박을 풀어 주며 멍에의 줄을 끌러 주며 압제 당하는 자를 자유하게 하며 모든 멍에를 꺾는 것이 아니겠느냐?"

금식하는 사람들에 대한 상은 같은 장 8절에 기록되어 있습니다.

"그리하면 네 빛이 새벽 같이 비칠 것이며 네 치유가 급속할 것이며 네 공의가 네 앞에 행하고 여호와의 영광이 네 뒤에 호위하리니."

그러나 당신의 금식은 치유를 구매할 수 있는 "마력"이 아닙니다. 당신의 금식을 자랑거리로 여기지 마십시오. 왜냐하면, 금식하는 사람들이 자랑하지 말 것에 대해서는 예수님께서 직접 가르치신 것이기 때문입니다.

"금식할 때에 너희는 외식하는 자들과 같이 슬픈 기색을 보이지 말라. 그들은 금식하는 것을 사람에게 보이려고 얼굴을 흉하게 하느니라. 내가 진실로 너희에게 이르노니 그들은 자기 상을 이미 받았느니라. 너는 금식할 때에 머리에 기름을 바르고 얼굴을 씻으라. 이는 금식하는 자로 사람에게 보이지 않고 오직 은밀한 중에 계신 네 아버지께 보이게 하려 함이라. 은밀한 중에 보시는 네 아버지께서 갚으시리라"(마 6:16-18).

만약 어떤 사람의 금식이 하나님을 향한 것이라면, 그는 자신이 금식하는 것에 대해서 다른 사람들에게 자랑하여 자신이 얼마나 희생하고 있는지를 그들이 알기를 바라는 식으로 하지 않을 것입니다. 이러한 자랑을 늘어놓는 사람들은 적게 받거나 수고한 것에 대하여 아무런 열매도 얻지 못하게 될 것입니다.

만약 당신이 아직 성령님으로 충만함을 받지 못했다면, 지금 이 시각에 성령님의 세례를 구하는 기도를 하나님께 드리기 시작하세요. 당신이 성령세례를 받는 것을 방해하는 것들은 당신이 치유 받은 것을 방해할 개연성이 높습니다.

성령충만을 받은 사람들은 그렇지 않은 사람들보다 더욱 신속히 하나님께 나아갈 수 있다는 것은 명백합니다. 당신이 비록 치유집회에 참석할 수 없다 하더라도 용기를 잃지 마십시오. 하나님께서는 병상에 누워있는 사람들이나 치유집회에 참석할 수 없는 사람들을 위해서 적절한 방법을 예비하셨습니다.

"하나님이 바울의 손으로 놀라운 능력을 행하게 하시니 심지어 사람들이 바울의 몸에서 손수건이나 앞치마를 가져다가 병든 사람에게 얹으면 그 병이 떠나고 악귀도 나가더라"(행 19:11-12).

만약 당신이 치유집회에 참석할 수 없는 사람 중의 하나라면, 당신을 위해서 믿음의 기도를 해줄 수 있는 사역자에게 기도를 부탁하거나 기름부음 받은 손수건을 보내달라고 요구하세요. (이 책의 11장에 기록된 "손수건과 앞치마를 통한 치유"에 대한 내용을 참고하세요.)

**하나님과 교제하며 동행하라**

"서서 기도할 때에 아무에게나 혐의가 있거든 용서하라. 그리하여야 하늘에 계신 너희 아버지께서도 너희 허물을 사하여 주시리라 하시니라"(막 11:25).

용서하지 않음의 영은 하나님 말씀의 빛 가운데로 행하기를 거부하는 반역의 마음입니다. 이것은 믿음, 즉 사도 요한이 "확신"이라고 불렀던 것을 죽이는 영입니다. 오로지 하나님의 말씀만이 진정한 확신을 가져올 수 있습니다. 하나님 말씀의 충만한 빛 가운데서 순종하여 행하는 삶은 이러한 확신과 믿음을 희구하는 사람들에게 극히 중요한 것입니다. 당신이 하나님을 확신하기 위해서는 하나님과 진정한 교제를 해야 합니다. 당신은 하나님 말씀의 빛 가운데로 행하지 않고는 하나님과 진정한 교제를 할 수 없습니다.

어둠 가운데 행하는 사람들은 하나님과 교제할 수 없습니다. 실제로 그들은 그리스도의 보혈이 그들을 죄에서 깨끗하게 한다는 것을 확신할 수조차 없습니다.

"우리가 그에게서 듣고 너희에게 전하는 소식은 이것이니 곧 하나님은 빛이시라. 그에게는 어둠이 조금도 없으시다는 것이니라. 만일 우리가 하나님과 사귐이 있다고 하고 어둠에 행하면 거짓말을 하고 진리를 행하지 아니함이거니와 그가 빛 가운데 계신 것 같이 우리도 빛 가운데 행하면 우리가 서로 사귐이 있고 그 아들 예수의 피가 우리를 모든 죄에서 깨끗하게 하실 것이요"(요일 1:5-7).

우리가 하나님의 말씀을 듣기만 하지 않고 행함으로 옮길 때에 비로소 그리스도와 진정한 교제를 할 수 있게 됩니다. 하나님과 가장 위대한 교제를 하는 사람들은 가장 위대한 믿음을 가진 사람들입니다.

하나님께 대한 우리의 믿음은 하나님과의 교제와 정비례입니다. 오늘날 수많은 사람이 적은 믿음을 가지고 있는 것은 이상한 현상이 아닙니다. 그들은 주 예수 그리스도와 더불어 교제하지 않기 때문에 믿음이 적은 것입니다.

수많은 사람이 반역의 영이나 아집 때문에 주님과 교제하지 않습니다. 그들은 하나님의 빛이 그들의 인생길에 비칠 때에 그 빛 가운데 행하기를 거부합니다. 그들은 하나님의 말씀을 읽거나 공부하지 않고, 성경을 전적으로 믿고 가르치는 성령 충만한 사역자들이 증거하는 말씀을 들으려 하지도 않습니다.

하나님과 진정한 교제가 없이는 그분을 진정으로 믿을 수 없습니다. 하나님 말씀의 빛을 받은 후에도 여전히 어둠 가운데 행하는 것은 그분과의 교제를 깨게 됩니다. 그렇게 되면 예수 그리스도의 보혈은 우리를 죄에서 더는 깨끗하게 하지 않을 것입니다.

반역이나 아집은 당신의 마음을 진정한 믿음에 대하여는 문을 닫게 하고, 의심과 불신에 대하여는 문을 열게 할 것입니다.

### 하나님의 말씀은 오늘도 역사하신다

그리스도께서는 우리가 사는 이 시대를 가리키시면서 "인자가 올 때에 세상에서 믿음을 보겠느냐?"(눅 18:8)라고 물으셨습니다.

그분께서는 오늘날에 기승을 부리고 있는 근대사조와 불신과 의심과 냉랭함과 무관심과 불가지론 속에 믿음이 거할 수 없다는 것을 알고 계십니다.

우리는 오늘날에 왜 더 많은 사람이 치유되지 않는 이유에 대해서 숙고해야 할 필요가 있습니다. 인간의 마음에는 믿음을 대신하여 두려움이 자리 잡고 있습니다(눅 21:26 참조).

바울은 말세에 일어날 일들과 배교하는 교회의 상태에 대해서 말씀했습니다.

"때가 이르리니 사람이 바른 교훈을 받지 아니하며 귀가 가려워서 자기의 사역을 따를 스승을 많이 두고 또 그 귀를 진리에서 돌이켜 허탄한 이야기를 따르리라"(딤후 4:3-4).

당신은 이런 분위기 속에서 믿음을 찾을 수 있다고 기대하나요? 절대 그렇지 않습니다. 바울은 계속해서 말씀합니다.

"그러나 너는 모든 일에 신중하여 고난을 받으며 전도자의 일을 하며 네 직무를 다하라"(딤후 3:5).

수천 수만의 사람들은 근대사조에 물든 설교자들이 오늘날 기적은 끝났고 그리스도는 더는 치유하시지 않는다는 식으로 설교하는 교회에 다니고 있습니다. 그들은 초자연적인 표적들과 성령님의 기적을 행하는 은사들은 오늘날의 교회를 위한 것이라는 점을 더는 믿지 않습니다. 그들은 지성인들에게 호소하는 아름다운 설교를 하지만 결코 그들의 심령을 터치하지는 못합니다. 그들은 오늘날 그리스도께서 병든 사람들을 치유하실 때에는 의술을 사용하신다고 가르칩니다.

근대사조에 물든 설교자들에게 "당신은 성경을 믿습니까?"라고 물어보십시오. 그리하면 그는 "예, 성경의 일부를 믿습니다."라고 대답할 것입니다. 그는 초자연적인 역사가 기록되어 있는 구절들은 믿지 않는다고 설명할 것입니다. 이런 근대사조에 물든 사람들은 모든 것을 이성적으로 생각하지만, 자신들이 이성으로 대답할 수 없는 것들에 대해서 믿으려고 하지 않습니다. 그들은 초자연적인 것들에 대해서는 무엇이든지 거부합니다.

그들은 성령세례와 방언 말하는 것과 치유와 기적을 행하는 초자연적인 은사들을 거부합니다. 그들의 중심은 근대사조에 물들어 있습니다. 그들 중에 다수는 그리스도의 신성과 인간의 타고난 악과 보혈로 인한 대속과 성경의 영감을 부인합니다.

그들은 인간이 하나님의 창조에 의해 존재하게 되었다는 것을 설교하는 대신, 진화의 소산이라고 가르칩니다. 그들은 인간의 타락과 인간의 심령이 부패했다는 것을 설교하지 않습니다. 반대로 그들은 인간이 점점 더 나아지고 좋아지고 있다고 역설합니다.

그들이 그리스도의 보혈로 인한 구원을 설교하지 않고 인간의 행위와 성품에 대해서 말합니다. 그들은 하나님의 감동으로 기록된 말씀인 성경을 전하는 대신 과학의 이론을 가르칩니다.

이러한 근대사조에 물든 설교자들은 우리의 구원자이신 예수 그리스도를 보편적인 선생으로 만들어버립니다. 그들은 초자연적인 갱생을 믿지도 않고 설교하지도 않습니다. 대신 그들은 "자연적인 발전"에 대해서 가르칩니다.

그들은 신적 성화에 대해서 설교해야 할 때는 교육에 대해서 말합니다. 그들은 초자연적인 은혜에 대해서 가르치는 대신 자연적인 도덕에 대해서 강의합니다.

한 사람이 몇 주 동안을 반복하여 이런 유의 교리를 배운다고 해서 그가 초자연적인 치유의 교리에 대하여 큰 믿음을 갖게 될까요? 아닙니다.

만약 한 사람이 치유를 받게 된다면, 그것은 그에게 하나님의 초자연적인 능력을 믿는 믿음이 있기 때문입니다. 그는 하나님의 능력을 의심하지 않습니다.

하나님께서는 우리에게 능력을 부인하는 사람들에게서 돌아서라고 충고하십니다(딤후 3:5 참조).

만약 당신이 진정한 믿음을 갖기를 원한다면, 믿음에 대해서 가르치고 믿음을 열심히 실천하는 교회에 다니세요.

만약 당신이 치유를 원한다면, 치유의 기적을 반대하는 사람들에게서는 돌아서고, 당신과 같은 믿음을 가지고 있는 사람들과 더불어 교제하세요.

"오늘날 더는 치유가 일어나지 않습니다."라고 말하는 교회가 아닌, 하나님의 모든 약속을 믿을 수 있도록 당신에게 용기를 주는 교회로 가십시오.

### 치유의 은사 - 능력 행함의 은사

"어떤 사람에게는 성령으로 말미암아 지혜의 말씀을, 어떤 사람에게는 같은 성령을 따라서 지식의 말씀을, 다른 사람에게는 같은 성령으로 믿음을, 어떤 사람에게는 한 성령으로 병 고치는 은사를, 어떤 사람에게는 능력 행함을, 어떤 사람에게는 예언함을, 어떤 사람에게는 영들 분별함을, 다른 사람에게는 각종 방언 말함을, 어떤 사람에게는 방언들 통역함을 주시나니"(고전 12:8-10).

치유를 희구하는 사람들은 치유의 은사와 능력 행함의 은사 사이에 상이점이 있다는 것을 이해해야 합니다. 대개 치유의 은사는 질병의 원인, 즉 육체에 상처를 주는 원인을 제거하므로 건강을 다시 찾게 합니다. 어떤 경우에는 통증이 즉석에서 완전히 떠나기도 하지만, 대다수의 경우에는 건강이 그 시로부터 회복되기 시작합니다. 이것은 이론이 아닙니다. 이것은 성경에 온전히 기록된 것입니다. 그리스도께서 행하신 많은 치유는 이런 식으로 일어났습니다. 요한복음 4장 46-52절에 기록되어 있는 왕의 신하의 아들이 받은 치유를 참고하십시오.

치유의 은사는 수술이나 사고로 인하여 잘린 신체의 일부를 다시 생겨나도록 하지는 않습니다. 치유는 눈먼 사람의 시력을 회복시킬 것입니다. 그러나 만약 그의 안구가 수술이나 사고로 인하여 제거된 상태라면 오직 능력 행함의 은사만이 그것을 다시 생기게 할 수 있습니다. 새로운 안구가 생겨야 하는 경우에는 오직 능력 행함의 은사가 이와 같은 새 창조의 역사를 일으킬 수 있는 것입니다.

치유의 은사는 듣지 못하는 사람의 귀를 회복시킵니다. 하지만 만약 그에게 고막이 없다면, 능력 행함의 은사는 고막을 다시 창조할 수 있습니다.

능력 행함은 일반적인 자연법칙을 특별하게 다스리기 위하여 하나님께서 따로 행하시는 역사입니다. 한 예로 여호수아가 해를 명하여 멈추도록 한 사건이 이에 해당합니다.

치유는 하나님의 백성 가운데 있는 모든 병자를 위한 하나님의 약속입니다. 반면에 능력 행함은 특별한 상황만을 위한 것입니다. 말씀으로 천지를 창조하신 하나님께서는 우리에게 충분한 믿음이 있을 때에 상실한 장기들을 종종 다시 창조하십니다.

하나님께서는 모든 것을 하실 수 있습니다. 하나님께는 모든 것이 가능합니다. 그러나 당신은 교회 안에서 치유의 은사가 능력 행함의 은사를 대신하도록 의도된 것이 아니라는 점을 이해해야 합니다. 만약 그렇게 의도되었다면, 능력 행함의 은사는 필요가 없는 것이 되어버립니다.

치유의 은사는 늙은이를 젊은이로 만들기 위해 고안된 것이 아닙니다. 사람이 늙어갈수록, 그의 육체는 나이가 들어가는 모습을 여실히 보여줍니다. 얼굴에는 주름이 지고, 머리카락은 희어지고 빠지게 됩니다. 그리고 힘은 쇠진해지고 몸의 움직임은 더욱 느려지게 됩니다. 좋은 건강을 유지하기 위해서는 더 많은 쉼과 적절하게 선택한 음식이 필요합니다. 그렇다고 해서 늙은 사람들이 질병으로 고통당해야 한다는 것을 의미하지는 않습니다. 하나님의 백성에게 대한 하나님의 약속들은 그들의 생명이 다하는 날까지 유효합니다.

치유의 은사는 사망을 막아내지 않습니다. 예수님이 다시 오실 때까지 모든 인간은 사망하게 됩니다(히 9:27 참조). 맨 나중에 멸망 받을 원수는 사망입니다(고전 15:26 참조). 그러나 사망은 굳이 무시무시한 질병의 고통을 동반할 필요가 없습니다. 왜냐하면, 하나님께서는 치유하시기로 약속하셨기 때문입니다.

치유는 인생의 자연적인 과정들, 즉 정신적 성장이나 신장의 성장과 같은 것을 대신하기 위한 것이 아닙니다. 언젠가 24살의 청년이 치유집회에 참석해서 기도 받기 위해 줄을 섰습니다. 그의 신장은 122cm가 넘지 않았고, 어린아이의 목소리를 냈으며, 얼굴에는 수염 난 자국이 전혀 없었습니다. 그의 부모는 모두가 신장과 체격에 있어서 일반인들보다 큰 사람들이었던 것으로 보아, 그 청년이 비정상이라는 것은 명백했습니다. 치유의 은사는 그 청년의 얼굴에 순간적으로 턱수염을 자라게 하거나 눈 깜박할 사이에 183cm로 만들지 않았습니다. 그러나 치유의 은사는 그 청년의 문제의 근원을 치유하여서, 얼마 가지 않아 그로 하여금 면도기와 더 큰 옷을 구매하도록 했습니다.

그는 어린아이가 언어를 배우는 것과 같이 배워야 합니다. 그는 이미 정신적으로 성장한 사람이기 때문에 어린아이가 언어를 배우는 것보다는 빠르게 배울 것입니다. 그러나 그는 태어날 때부터 정상적으로 언어를 배운 사람만큼 언어를 완전하게 구사하지는 못할 것입니다.

당신의 치유가 기적이 일어나듯이 즉석에서 일어나지 않는다고 하더라도, 하나님께서 당신을 치유하시지 않는다거나 당신을 치유하기를 거부하신다는 식으로 생각하지 마십시오. 성경의 말씀으로 하나님을 믿으십시오. 당신의 치유는 이미 이루어진 사실이라는 것을 받아들이십시오. 당신의 치유는 오늘 이루어진 것이 아니며, 지난주에 이루어진 것도 아닙니다.

당신의 치유는 예수님께서 당신의 죄를 대속하시기 위해 채찍에 맞으셨을 때에 이루어졌습니다. 치유는 오늘 이루어진 것이 아닙니다. 하지만 오늘 당신에게 받아들여졌습니다. 당신이 치유 받기 위해서 하나님 말씀의 가르침을 따랐기 때문에 그것이 당신의 삶에 효력을 갖게 되었습니다.

치유는 지금 이 시각에 역사하고 있습니다. 당신이 완전히 건강하게 될 때까지 역사할 것입니다. 그리스도의 대속의 사건으로 인하여 당신은 질병과 죄로부터 완전히 구원받게 되었습니다.

# CHAPTER 03
# 치유는 하나님의 뜻이다

　수백만의 병든 사람과 고통당하는 사람들은 건강한 삶을 완전하게 영위할 수 있습니다. 완전한 건강은 그들의 삶을 위해서 신중하게 예비하신 하나님의 계획 안에 있습니다. 예수님께서는 병든 사람들의 치유를 자기의 몸값으로 지불하고 사셨습니다.

　고통당하는 사람 중에 다수는 치유 받기 위하여 기도를 많이 한 사람들입니다. 그들은 치유 받기 위해서 계속적으로 기도했습니다. 그들 중에 많은 이들은 이 시대에 가장 유명한 치유사역자들이 인도하는 치유집회들에 참석하여 기도 받기 위하여 줄을 서기도 했지만, 여전히 치유 받지 못했습니다. 그들은 기도를 많이 했지만 얻은 것은 적습니다.

　치유를 위한 기도 중에서 어떤 기도들은 치유를 가져오기에 충분하지 않습니다. 야고보서 1장 6,7절은 "오직 믿음으로 구하고 조금도 의심하지 말라. 의심하는 자는 마치 바람에 밀려 요동하는 바다 물결 같으니 이런 사람은 무엇이든지 주께 얻기를 생각하지 말라" 하고 말씀합니다.

치유 받기 위해 기도하는 사람이 "만일 제가 치유되는 것이 주님의 뜻이라면…"이라는 말을 덧붙인다면, 그는 자신이 치유를 받을지에 대해서 확실하지 않다는 것을 주님께 공공연하게 고백하고 있는 것입니다. 간구를 할 때에 "만일"이라는 단어가 사용된다면, 그것은 그 사람이 의심하고 있다는 것을 나타냅니다. 이런 유의 기도는 "믿음으로 구하고 조금도 의심하지 않는 기도"의 부류가 될 수 없습니다. 다른 사람을 위해서 이런 식으로 기도하는 것은 시간낭비입니다. 왜냐하면 하나님께서는 "이런 사람은 무엇이든지 주께 얻기를 생각하지 말라" 하고 매우 명백하게 말씀하시기 때문입니다.

**"만일"이라는 단어를 제거하라**

당신이 구하고 조금도 의심하지 않는 방법은 오직 하나입니다. 당신의 간구기도에서 "만일"이라는 단어를 제거하십시오.

당신은 당신을 치유하시는 것이 하나님의 뜻이라는 것을 확신해야 합니다. 당신이 이것을 전적으로 확신하기 전에는 실제적이고 의심하지 않는 믿음은 생기지 않을 것입니다.

당신은 항상 자신이 치유 받을지, 못 받을지에 대해서 의심할 것입니다. 사실, 당신은 자신이 하나님의 뜻에 따라서 기도했는지에 대해서 확신하기 전에는 하나님께서 당신의 기도를 들으셨는지 확신할 수조차 없습니다.

**"그를 향하여 우리가 가진 바 담대함이 이것이니 그의 뜻대로 무엇을 구하면 들으심이라"**(요일 5:14a).

하나님께서 우리의 기도를 들으시는지조차 확신하지 못하는데, 어떻게 의심하지 않고 구할 수 있을까요? 하나님께서 우리의 기도를 들으신다는 것을 확신하기 전에는 구하고 의심하지 않을 수가 없습니다.

당신이 구하면서도 의심할 때까지는 구한 것을 받을 수 없습니다. 그러나 만약 당신에게 겨자씨 한 알 만큼만 믿음이 있다면 불가능한 일이 없을 것입니다(마 17:20 참조). 당신이 믿음으로 구할 때, 하나님이 당신의 기도에 대한 응답을 보증해줍니다.

당신이 치유를 위해 기도하기 전에 당신을 치유하시는 것이 하나님의 뜻인지 아닌지를 하나님의 말씀을 통해 배우십시오.

만약 그것이 하나님의 뜻이 아니라면, 그분에게 치유해달라고 구하지 마십시오. 하늘에 상달 되지도 않는 의미 없는 기도를 나열하므로 시간을 낭비하지 마십시오.

그러나 당신을 치유하시는 것이 하나님의 뜻이라면, 당신의 간구에서 "만일"이라는 단어를 제거하십시오. 의심하지 않는 믿음을 가지고 완전한 확신으로 하나님께 나아와서 치유를 받으십시오.

"그를 향하여 우리가 가진 바 담대함이 이것이니 그의 뜻대로 무엇을 구하면 들으심이라. 우리가 무엇을 구하는 바를 들으시는 줄을 안즉 우리가 그에게 구한 그것을 얻은 줄을 또한 아느니라"(요일 5:14).

**주님의 말씀을 들으라**

"사랑하는 자여 네 영혼이 잘됨 같이 네가 범사에 잘되고 강건하기를 내가 간구하노라"(요삼 1:2).

이 구절은 하나님의 자녀들이 건강하게 사는 것이 하나님의 뜻이라는 것을 명백하게 말씀하고 있습니다. 우리가 건강하게 사는 것이 하나님의 뜻이기에 우리가 아픈 것은 하나님의 뜻이 될 수가 없습니다. 하나님의 뜻은 당신을 치유하시는 것입니다.

마가복음 1장 40절에 기록된 나병환자는 "원하시면 저를 깨끗하게 하실 수 있나이다"라고 말씀드리므로 자신이 나병으로부터 치유되는 것이 하나님의 뜻인지에 대해서 의심한 듯합니다. 그러나 그는 자신이 치유되는 것이 하나님의 뜻이라는 것을 깨닫게 되기까지는 그리 많은 시간이 필요하지 않았습니다. 예수님께서는 즉시 "내가 원하노니 깨끗함을 받으라"(막 1:41) 하고 말씀하셨습니다.

하나님께서는 병든 사람들을 치유하시려고 합니다. 만약 그분께서 한 사람을 치유하시려고 한다면 누구라도 치유하실 수 있는 것입니다. 그분께서는 당신을 치유하시려고 합니다. "이는 하나님께서 외모로 사람을 취하지 아니하심이라" (롬 2:11).

야고보서 5장 14절에서, 하나님께서는 "너희 중에 병든 자가 있느냐?"라고 물으십니다. 누가 하나님께서 가리키신 병든 자일까요? 하나님께서는 아픈 사람 모두를 가리키고 있습니다. 이 말씀은 "아무도 멸망하지 아니하고 다 회개하기에 이르기를 원하시느니라"(벧후 3:9)고 말씀하실 때에 사용한 "다"라는 단어와 동일합니다.

구원이 회개하는 모든 사람을 위한 것이라면, 치유는 하나님께서 야고보서 5장 14,15절에서 약속하신 것을 믿는 모든 사람을 위한 것입니다.

"너희 중에 병든 자가 있느냐? 그는 교회의 장로들을 청할 것이요 그들은 주의 이름으로 기름을 바르며 그를 위하여 기도할지니라. 믿음의 기도는 병든 자를 구원하리니 주께서 그를 일으키시리라 혹시 죄를 범하였을지라도 사하심을 받으리라."

"내 영혼아 여호와를 송축하며 그의 모든 은택을 잊지 말지어다 그가 네 모든 죄악을 사하시며 네 모든 병을 고치시며"(시 103:2-3).

하나님의 은택은 영혼의 구원과 육체의 치유에 관한 것입니다. 그리스도께서는 모든 죄를 사하시며, 모든 질병을 치유하십니다. 그러므로 단지 하나님의 은택을 기억하는 것에서 멈추지 말고, 그것들을 요구하십시오.
치유는 당신을 위한 하나님의 뜻입니다.

"하나님이 이르시되 우리의 형상을 따라 우리의 모양대로 우리가 사람을 만들고 그들로 바다의 물고기와 하늘의 새와 가축과 온 땅과 땅에 기는 모든 것을 다스리게 하자 하시고 하나님이 자기 형상 곧 하나님의 형상대로 사람을 창조하시되 남자와 여자를 창조하시고"(창 1:26-27).

하나님의 창조는 힘 있고 강력하고 멋지고 깨끗하고 순수하고 건강합니다. 그러므로 하나님의 창조물은 그분께서 창조하신 대로 남아 있는 것이 그분의 뜻입니다. 건강하고 깨끗하고 순수하게 말입니다.
사탄은 하나님의 순수하고 건강한 창조물에 대해서 시기했습니다. 사탄은 에덴동산으로 가기 전까지는 만족할 수가 없었습니다. 사탄이 에덴동산으로 들어갔을 때, 죄와 질병이라는 더러운 영들이 따라 들어갔습니다.

인류는 하나님께 대한 불순종으로 말미암아 순수함을 잃고서 죄에 빠지게 되었습니다. 그래서 인간은 건강을 잃었고 질병에 걸리기 쉬운 존재가 되었습니다. 죄와 질병이라고 하는 이중저주는 인간의 하나님께 대한 불순종에 대한 결과입니다.

인간은 죄로부터 구원을 받았나요?

당신은 "예, 그렇습니다."라고 말할 것입니다.

믿음을 고백하는 대다수의 크리스천은 그리스도께서 인류를 죄에서 구원하시기 위하여 십자가에서 죽으셨다는 말을 할 것입니다. 그러나 그 동일한 사람들은 예수님께서 인류의 질병을 짊어지시고 십자가에 못 박히셔서 그들의 영혼뿐만 아니라 육체의 구원을 이루셨다는 것을 깨닫지 못합니다.

**이중 저주를 위한 이중 치유!**

그리스도께서 죄와 질병의 이중저주로부터 세상을 구원하시기 위하여 천국의 영광스런 보좌에서 내려오셨을 때, 빛과 소망의 두 천사가 그분을 따랐습니다. 그 천사들은 구원과 치유, 즉 이중치유입니다!

"하나님의 아들이 나타나신 것은 마귀의 일을 멸하려 하심이라"(요일 3:8).

마귀의 일은 죄와 질병입니다. 그래서 하나님께서는 그것

중의 하나만이 아니라 둘 다 멸망시키기 위해서 오셨습니다. 그분께서는 당신을 구원하고 치유하시기 위해서 오신 것입니다.

이사야 53장 4,5절은 "그는 실로 우리의 질고를 지고 우리의 슬픔을 당하였거늘 우리는 생각하기를 그는 징벌을 받아 하나님께 맞으며 고난을 당한다 하였노라. 그가 찔림은 우리의 허물 때문이요 그가 상함은 우리의 죄악 때문이라. 그가 징계를 받으므로 우리는 평화를 누리고 그가 채찍에 맞으므로 우리는 나음을 받았도다"라고 말씀합니다.

마태복음 8장 17절은 이사야 53장의 예언을 인용하여 "우리의 연약한 것을 친히 담당하시고 병을 짊어지셨도다"라고 말씀합니다.

베드로전서 2장 24절도 "그가 채찍에 맞음으로 너희는 나음을 얻었나니"라고 이사야의 예언을 인용했습니다. 그리스도께서 우리를 위하여 죄와 질병을 짊어지셨음이 분명합니다.

그분께서 죄와 질병을 짊어지셨으므로, 우리는 그것들을 짊어질 필요가 없습니다. 만약 우리가 질병 가운데 머물러야 한다면, 예수님께서 당하신 고난들은 헛된 것입니다.

이 문제를 마무리 짓기 위해서 이사야 53장 5절로 돌아가 봅시다.

"그가 찔림은 우리의 허물 때문이요 그가 상함은 우리의 죄악 때문이라. 그가 징계를 받으므로 우리는 평화를 누리고 그가 채찍에 맞으므로 우리는 나음을 받았도다."

이 구절은 갈보리 사건 전에 기록된 것입니다. 베드로는 갈보리를 회상하면서 "그가 채찍에 맞음으로 너희는 나음을 얻었나니"(벧전 2:24)라고 말씀했습니다.

이 구원을 받아들이십시오.

그리하면 마귀의 일이 멸망 당할 것입니다.

모든 죄가 씻겨나갈 것이며, 모든 아픔과 질병과 고통이 사라질 것입니다.

사탄은 그리스도께서 이미 당신을 위해서 짊어지신 것을 가지고 합법적으로 당신에게 고통을 줄 수 없습니다. 사탄에게 이것에 대해 말하십시오! 지금 질병으로부터 구원받기 위해서 하나님을 믿으십시오!

율법에 의하면, 질병과 아픔은 불순종으로 인한 저주로 인정됩니다.

모세는 하나님께서 하신 말씀을 인용하여 "이르시되 너희가 너희 하나님 나 여호와의 말을 들어 순종하고 내가 보기에 의를 행하며 내 계명에 귀를 기울이며 내 모든 규례를 지키면 내가 애굽 사람에게 내린 모든 질병 중 하나도 너희에게 내리지 아니하리니 '나는 너희를 치료하는 여호와임이라'"(출 15:26) 하고 말씀했습니다.

신명기에는 하나님께서 부으시는 모든 질병과 재앙은 율

법 아래에 있는 사람들의 불순종에 대한 결과라고 기록되었습니다.

**"폐병, 열병, 염증, 학질, 종기, 치질, 괴혈병, 피부병, 정신병, 실명, 신경쇠약…"** "또 이 율법 책에 기록하지 아니한 모든 질병과 모든 재앙을 네가 멸망하기까지 여호와께서 네게 내리실 것이니"(신 28:22, 27, 28, 61).

이 리스트는 율법의 저주입니다. 그러나 당신은 율법의 저주에서 구원을 받았습니다! 그리스도께서는 우리를 위하여 저주를 대신 받으시므로 우리를 구원하셨습니다. 이에 대해서 성경은 "그리스도께서 우리를 위하여 저주를 받은 바 되사 율법의 저주에서 우리를 속량하셨으니 기록된 바 나무에 달린 자마다 저주 아래에 있는 자라 하였음이라"(갈 3:13) 하고 말씀합니다.

### 당신은 구원받았음을 믿으라

사람들이 아픈 것은 하나님의 뜻이 아닙니다. 그것은 사탄의 뜻입니다. 사탄이 지구 상에서 쫓겨나게 되면, 더는 질병과 고통과 눈물이 없을 것입니다. 이것은 자명한 사실입니다.

하나님께서는 우리가 죽는 것이 아니라 살기를 원하십니다!

"그의 신기한 능력으로 생명과 경건에 속한 모든 것을 우리에게 주셨으니 이는 자기의 영광과 덕으로써 우리를 부르신 이를 앎으로 말미암음이라"(벧후 1:3).

우리가 건강과 힘과 경건으로 하나님의 신성한 성품에 참여하는 자들이 되게 하는 것이 하나님의 뜻입니다.

"이로써 그 보배롭고 지극히 큰 약속을 우리에게 주사 이 약속으로 말미암아 너희가 정욕 때문에 세상에서 썩어질 것을 피하여 신성한 성품에 참여하는 자가 되게 하려 하셨느니라"(벧후 1:4).

그러나 당신은 이 고귀한 약속들로부터 유익을 얻기 전에 그것들을 당신의 소유로 만들어야 합니다. 당신은 그 약속들에 대한 권리를 주장하고 믿어야 하며, 그 위에 견고히 서야 합니다. 그리고 그 약속들을 거스르는 사탄의 모든 간계를 거부해야 합니다. 당신이 사탄으로 하여금 역사할 수 있는 공간을 내어주지 않으면, 사탄이 더는 역사하지 못할 것입니다.

대략 주전 1500년, 하나님께서는 "너희가 너희 하나님 나 여호와의 말을 들어 순종하고 내가 보기에 의를 행하며 내 계명에 귀를 기울이며 내 모든 규례를 지키면 내가 애굽 사람에게 내신 모든 질병 중 하나도 너희에게 내리지 아니하리니 나는 너희를 치료하는 여호와임이라"(출 15:26)라고 말씀하셨습니다.

우리는 시편 105편 37절에 기록된 말씀으로 인하여 거반 300만 명의 이스라엘 백성이 이 약속을 믿고 순종하여 완전한 건강을 누렸음을 알게 됩니다.

**"마침내 그들을 인도하여 은 금을 가지고 나오게 하시니 그의 지파 중에 비틀거리는 자가 하나도 없었도다."**

오늘날의 종교는 하나님을 단순히 옛날 옛적에 살아계셨던 분이었다고 가르칩니다. 그러나 히브리서 13장 8절은 "예수 그리스도는 어제나 오늘이나 영원토록 동일하시니라." 하고 말씀합니다.

또한, 말라기 3장 6절은 "나 여호와는 변하지 아니하니라." 하고 말씀합니다. 만약 하나님께서 절대로 변하시지 않는다면, 그분께서는 여전히 위대하신 여호와이십니다. 하나님의 백성은 하나님의 약속들을 믿으므로 주전 1500년 전의 이스라엘 백성처럼 건강하고 힘이 넘칠 수 있습니다.

우리는 여전히 동일하신 하나님을 섬기고 있지만, 구약보다 더 나은 약속들 위에 세워진 더 나은 언약 아래서 섬기고 있습니다(히 8:6 참조).

애굽을 나온 300만의 이스라엘 백성은 하나같이 하나님의 약속을 믿었습니다. 그들 중에는 비틀거리는 사람이 하나도 없었습니다. 그들은 모두가 힘이 넘쳤고 건강했습니다. 그들은 만약 하나님의 약속이 한 사람을 위한 것이라면, 또한 모든 사람을 위한 것이라는 점을 믿었습니다. 만약 하나님의 약속이 모든 사람을 위한 것이 아니라면, 이는 누구도 위한 것이 아닙니다.

오늘날의 수다한 사람이 여전히 아픈 상태로 남아 있는 이유는 그들이 이토록 놀라운 약속들을 믿으려 하지 않기 때문입니다.

"예수께서 말씀으로 귀신들을 쫓아 내시고 병든 자들을 '다' 고치시니"(마 8:16).

"예수께서 모든 도시와 마을에 두루 다니사 그들의 회당에서 가르치시며 천국 복음을 전파하시며 '모든' 병과 '모든' 약한 것을 고치시니라"(마 9:35).

"하나님이 나사렛 예수에게 성령과 능력을 기름 붓듯 하셨으매 그가 두루 다니시며 선한 일을 행하시고 마귀에게 눌린 '모든' 사람을 고치셨으니 이는 하나님이 함께 하셨음이라"(행 10:38).

치유는 예수님께서 이 땅에 오시기 전부터 하나님의 뜻이었습니다.(출 15:26, 시 103:3, 잠 3;7-8, 사 53:5 말 4:2 참조) 치유는 예수 그리스도께서 이 땅에서 공생애를 사셨을 때에 하나님의 뜻을 이루셨습니다. 그리고 치유는 현대에 사는 하나님의 백성을 위한 하나님의 약속이십니다.

**지금 치유를 받으세요!**

나는 나에게로 와서 자신들의 몸에 든 질병의 치유를 위해서 기도해달라고 부탁했던 사람들에게 "하나님께서 당신을 치유하실까요?"라고 물으면, 그들은 "저는 하나님께서 저를 치유하실 수 있다는 것을 압니다. 만약 저를 치유하시는 것이 그분의 뜻이라면 말입니다."라고 말하는 것을 수도 없이 들어봤습니다.

그들은 자신들이 삶이 인내하고 오래 참기 위해서 운명 지워진 사람들이라고 믿고 있습니다. 이러한 믿음이 성경의 지지를 받지 못하는데도 불구하고 그들은 그렇게 믿고 있습니다. 수많은 사람이 질병을 하나님의 뜻을 지키는 것, 또는 하나님의 영광을 드러내는 것이라고 믿고 있습니다.

어떤 사람들은 자신들의 질병이 그들을 향한 하나님의 사랑의 증거라고 느끼고 있습니다. 다른 사람들은 하나님께서 질병을 통하여 그들을 연단하시고 계시는 것이라고 느끼고 있습니다. 그러나 그들은 왜 그런 식으로 연단을 받아야 하는지를 이해할 수 없다고 말합니다.

지혜롭고 사랑하는 아버지가 그의 자녀에게 징계의 이유를 가르쳐주지 않은 채로 긴 세월 동안 벌을 줄까요? 그리고 지혜롭고 사랑스럽고 순종하는 아들이 그의 아버지를 기쁘게 하려고 즉시 죄에서 돌이킨 후에 더 혹독한 징계를 피하려고 같은 잘못을 저지르는 것을 멈추지 않을까요?

만약 죄가 당신과 하나님 사이를 갈라놓아서 하나님께서 당신의 기도를 듣지 못하시도록 했다면, 지금 회개하세요. 그리하면 하나님께서는 당신의 기도를 들으시고 치유하실 것입니다. 치유 받기 위해서 지금 하나님을 믿으세요.

어떤 사람들은 나에게 기도 받기 위해 와서는 "저는 치유 받기 원합니다. 하지만 만약 지금이 하나님의 때가 아니라면, 하나님께서 저를 치유하실 때까지 900번이라도 참을 것입니다."라고 말합니다.

만약 질병으로 고통 받는 사람들이 하나님의 완전한 뜻 안에서 다른 치유집회 시까지 기다리고 인내하는 것이 옳은 것이라면, 죄인에게 오늘 구원받지 말고 하나님께서 정하신 다른 날에 구원받기 위해 인내하고 기다리면서 죄 가운데 거하라고 말하는 것도 옳을 것입니다. 그것은 어불성설입니다.

"보라 지금은 은혜 받을 만한 때요 보라 지금은 구원의 날이로다"(고후 6:2).

만약 구원이 모든 사람을 위한 것이라면, 치유도 모든 사람을 위한 것입니다.

치유는 당신의 것입니다!

지금! 오늘은 하나님께서 당신을 죄와 질병으로부터 자유롭게 하시기 원하시는 날입니다.

지금 이 자리에서 구원과 치유를 받으세요!

이것은 하나님의 말씀입니다!

하나님께서는 당신을 지금 치유하시기를 원하십니다! 이것을 믿으세요!

이것을 받아들이세요!

다시는 "만약 제가 치유 받은 것이 주님의 뜻이거든, 저를 치유해 주세요."라고 기도하므로 죄를 범하지 마십시오. 하늘을 향하여 손을 들고서 "예수님, 저를 지금 치유하시는 것이 주님의 뜻이라는 사실로 인하여 저는 기쁩니다."라고 말씀드리세요. 아무것도 의심하지 말고 지금 믿음으로 구하세요. 그리하면 치유는 당신의 것이 될 것입니다!

# CHAPTER 04
# 질병에는 원인들이 있다

"그러므로 너희 중에 약한 자와 병든 자가 많고 잠자는 자도 적지 아니하니"(고전 11:30).

훌륭한 의사는 환자를 치료하기 시작할 때, 가능한 대로 질병의 원인을 찾는 진료를 시작한다는 것은 잘 알려진 사실입니다. 그 후에 그는 질병의 원인을 제거합니다. 우리가 하나님께 치유 받기 위해 나아가는 것도 이와 같습니다. 우리는 하나님께서 증상의 원인을 찾듯 하신다는 것을 알게 됩니다.

질병의 원인을 아는 것은 중요합니다. 급성충수염으로 인한 통증은 마취제를 사용하면 줄어듭니다. 그러나 그 환자는 통증을 느끼지 못하는 동안에 충수가 파열하여 사망할 것입니다.

고통의 원인을 찾지 않는 부주의는 치명적인 문제를 일으키고 생명까지 잃게 할 수 있습니다. 많은 사람이 치유를 위한 하나님의 약속들에 대한 확신을 잃습니다. 그들은 치유가 일어나기 전에 그들이 맞추어야 할 필요조건들을 이해하지 못합니다. 그들은 질병의 원인을 제거하는 것에 실패하므로 치유를 위한 하나님의 필요조건들을 맞추는 것에도 실패합니다.

하나님께서는 성경에 질병에 걸리는 매우 특별한 몇 가지 이유들을 밝히셨습니다. 치유를 희구하는 사람들은 질병의 원인들을 성경에서 찾아보아야 합니다.

**죄는 질병을 일으킨다**

죄는 이 세상에 질병을 존재하게 한 원인이라는 것은 반박할 수 없는 사실입니다. 에덴동산에는 질병이 없었으며, 우리 중에 천국에서 죄와 질병을 찾아낼 사람은 없습니다.

하와가 사탄의 제안을 받아들여서 하나님께서 먹지 말라고 금하신 선악과를 따먹기 전까지, 인류는 죄와 질병으로부터 자유로웠습니다. 하와가 선악과를 따먹는 순간에 죄가 세상에 들어왔고, 죄로 인하여 사망이 들어왔습니다. 그래서 모든 사람에게 사망이 왕 노릇하게 되었는데, 이는 모든 사람이 죄를 범하였기 때문입니다(롬 5:12 참조). 이것으로 보아 알 수 있듯이, 모든 질병은 죄의 결과입니다.

어떤 경우에는 특정한 죄가 특정한 질병을 일으키는 직접적인 원인이 됩니다. 아마도 이에 대해서는 부도덕하게 살아가는 사람들을 괴롭히는 소위 "사회적 질병들"이라고 불리는 것이 최상의 예가 될 것입니다. 또한, 많은 경우에 매우 직접적으로 연관된 것은 아니지만, 특히 성령님으로부터 온 것들에 대해서 분별하지 못하는 것이 질병의 원인이기도 합니다.

하나님께서는 "네가 만일 이 책에 기록한 이 율법의 모든 말씀을 지켜 행하지 아니하고 네 하나님 여호와라 하는 영화롭고 두려운 이름을 경외하지 아니하면 여호와께서 네 재앙과 네 자손의 재앙을 극렬하게 하시리니 그 재앙이 크고 오래고 그 질병이 중하고 오랠 것이라. 여호와께서 네가 두려워하던 애굽의 모든 질병을 네게로 가져다가 네 몸에 들어붙게 하실 것이며 또 이 율법 책에 기록하지 아니한 모든 질병과 모든 재앙을 네가 멸망하기까지 여호와께서 네게 내리실 것이니"(신 28:58-61)라고 말씀하셨습니다.

구약에서와 마찬가지로 신약에서도 죄와 질병은 긴밀한 관계를 가지고 있습니다. 예수님께서는 질병을 치유하셨을 때에 "작은 자야 네 죄 사함을 받았느니라."(막 2:5) 하고 말씀하셨고, 또 한 경우에는 "더 심한 것이 생기지 않게 다시는 죄를 범하지 말라." 하고 말씀하셨습니다.

야고보는 병든 사람들에게 "너희 죄를 서로 고백하며 병이 낫기를 위하여 서로 기도하라(약 5:16) 혹시 죄를 범하였을지라도 사하심을 얻으리라(약 5:15)" 하고 권고했습니다.

다윗은 성령님의 감동을 받아서 "미련한 자들은 그들의 죄악의 길을 따르고 그들의 악을 범하기 때문에 고난을 받아 그들은 그들의 모든 음식물을 싫어하게 되어 사망의 문에 이르렀도다. 이에 그들이 그들의 고통 때문에 여호와께 부르짖으매 그가 그들의 고통에서 그들을 구원하시되 그가 그의 말씀을 보내어 그들을 고치시고 위험한 지경에서 건지시는도다."(시 107:17-20)라고 말씀했습니다. 이 정도면 죄와 함께 질병이 들어온다는 것에 대한 충분한 증거가 될 것입니다. 하지만 증거는 이것들 외에 더 있습니다.

민수기 12장은 하나님의 백성에게 매우 거룩한 경고를 합니다. 모세의 누나 미리암은 여호와의 복을 크게 받은 선지자였는데, 극히 교만해져서 하나님의 종 모세를 두려움 없이 비방했습니다. 하나님께서는 그녀의 악한 말을 들으셨고, 미리암과 그녀의 동생 아론을 향하여 매우 화를 내셨습니다.

아론도 역시 모세를 비방하는 일에 합류했습니다. 이에 미리암이 나병에 걸려 눈처럼 희게 되었고, 모세는 미리암의 치유를 위해서 기도했습니다. 하나님께서 모세의 부르짖음을 들으시고 미리암을 치유하신 것은 참으로 놀라운 일입니다. 그러나 만약 미리암이 죄를 범하지 않았더라면, 치유 받을 필요가 없었다는 것을 기억하십시오. 비방은 죄입니다!

죄는 사탄이 당신에게 고통을 가져다 줄 수 있도록 하나님께서 당신 주변에 세우신 방어막을 허물어버립니다. 불순종하는 사람들에게 공의로운 심판을 하시는 하나님께서는, 주님의 음성을 부지런히 듣고 주님의 눈에 선한 것을 행하는 사람들에게 육적 웰빙을 주실 것이라는 귀한 약속들을 많이 주셨습니다.

십계명에는 부모를 공경하는 사람들을 장수하게 하실 것이라는 특별한 약속이 있습니다.

"네 아버지와 어머니를 공경하라. 이것은 약속이 있는 첫 계명이니 이로써 네가 잘되고 땅에서 장수하리라"(엡 6:2).

만약 당신의 육체가 모두 건강하지 않다면, 당신의 질병은 이 계명을 지키지 않은 것에 대한 결과라고 할 수 있을까요?

"너희가 너희 하나님 나 여호와의 말을 들어 순종하고 내가 보기에 의를 행하며 내 계명에 귀를 기울이며 내 모든 규례를 지키면 내가 애굽 사람에게 내린 모든 질병 중 하나도 너희에게 내리지 아니하리니 나는 너희를 치료하는 여호와임이라"(출 15:26).

**순종은 치유를 가져온다**

당신은 하나님께서 말씀하신 것은 문자 그대로를 의미한다는 것을 믿으십니까? 순종은 치유를 가져옵니다! 불순종은 질병과 아픔을 가져옵니다. 구원받지 못하고 불순종하는 사람들은 하나님과의 관계를 바르게 하므로 치유 받을 준비를 해야 합니다!

바울은 고린도전서 11장에서 크리스천들 가운데 질병에 걸린 이들에 대한 주제를 매우 특별하게 다루고 있습니다. 그는 30절에서 "그러므로 너희 중에 약한 자와 병든 자가 많고 잠자는 자요절한 사람도 적지 아니하니"라고 말씀합니다. 이 구절은 크리스천들이 병드는 것에는 명백한 원인이 있음을 매우 선명하게 진술하고 있습니다. 우리는 크리스천들이 질병에 드는 원인이 무엇인지에 대해서 조심스럽게 다루어서 바르게 이해해야 합니다.

고린도전서 11장은 교회의 가장 중요하고 빈번한 성례 중의 하나인 성찬에 대해서 다루고 있습니다. 성찬은 예수님께서 가룟 유다에게 배신당하셨던 밤에, 우리의 구원을 위해 흘리신 대속의 피와 우리의 치유를 위해서 맞으신 채찍에 대한 가시적 상징이 되었습니다.

크리스천의 삶에 주님의 희생들에 참여함은 매우 본질적인 것입니다. 이는 예수님 자신이 "인자의 살을 먹지 아니하고 인자의 피를 마시지 아니하면 너희 속에 생명이 없느니라." 하고 말씀하셨기 때문입니다.

이 엄숙한 경고에 부연하여, 고린도전서 11장 27-29절은 "그러므로 누구든지 주의 떡이나 잔을 합당하지 않게 먹고 마시는 자는 주의 몸과 피에 대하여 죄를 짓는 것이니라 사람이 자기를 살피고 그 후에야 이 떡을 먹고 이 잔을 마실지니 주의 몸을 분별하지 못하고 먹고 마시는 자는 자기의 죄를 먹고 마시는 것이니라" 하고 말씀합니다.

### 자격이 있는가, 자격이 없는가?

그리스도를 시인하는 크리스천 중에는 이 경고 때문에 주님의 만찬을 거부하는 이들이 많습니다. 그러나 그렇게 하는 것은 주님의 원하심이 아닙니다. 만약 당신에게 주님의 몸과 피의 상징을 먹고 마실 자격이 없다면, 주님의 진짜 몸과 피에 실제로 참여할 수 없습니다. 그렇게 되면, 예수님께서는 당신에게 "너에게는 생명이 없으니라." 하고 말씀하십니다. 만약 당신이 성찬에 참여할 자격이 없다면, 그것은 휴거를 위한 준비가 되어있지 않는다는 것입니다.

한 사람에게 성찬에 참여할 자격이 있다는 것은, 그가 죄 없는 온전함의 목적을 완전히 성취한 것을 의미하지 않습니다. 그리스도께서는 성찬을 받은 후에도 여전히 인간적으로 연약하고 온전하지 못했던 12명에게 첫 번째 성찬을 베푸셨습니다.

당신은 "그렇다면 자격이 있다는 말은 무엇을 의미하는 것인가요?"라고 물을 것입니다.

자격이 있다는 것은 세 가지를 뜻이 있습니다.

첫째로 이것은 단순히 성도가 그리스도의 몸과 피의 상징에 참여하는 것을 의미합니다. 물론 이러한 거룩한 시간에 경솔하거나 불손해서는 결코 안 됩니다. 성찬은 절대로 가볍게 여겨지거나 단지 형식적인 예식으로만 취급되어서는 안 됩니다. 우리는 이 상징들에 참여하므로 주님의 죽으심을 재림의 날까지 전하는 것입니다(고전 11:26 참조). 이러한 태도는 교만한 마음이나 다른 사람들보다 우월하다는 느낌을 의미하지 않습니다. 다만 이것은 우리가 선천적인 죄가 있다는 것을 깨닫게 하는 것이고, 그렇게 하므로 구원자를 절대적으로 필요로 한다는 것을 의미합니다.

나머지 두 의미는 29절의 상반절에 포함되어 있는데, 이는 "주의 몸을 분별하지 못하고 먹고 마시는 것"에 대해서 설명하고 있습니다. 주님의 피는 죄를 제거하기 위해서 흘려졌지만, 그분의 몸이 채찍에 맞으신 것은 우리의 치유를 위함입니다.

많은 사람이 그분의 흘리신 피로 인해 죄에서 영광스럽게 구원받은 것에 대하여 하나님께 찬양하고 행복해하면서 포도주를 마십니다. 그러나 그들은 떡이 확실한 복을 위한 확실한 대가를 치르신 것에 대한 상징이라는 것을 생각하지 않고 먹습니다.

이 축복은 치유를 일컫습니다. 이 축복은 우리가 받아들일 때에 우리의 것이 됩니다! 우리가 구원받기 위해서는 오직 그리스도의 피를 믿고 받아들여야만 합니다. 성찬식에서 포도주를 마시는 것만으로는 우리의 죄를 씻을 수 없습니다.

가정에서 하나님의 말씀인 성경을 읽어본 적이 없던 한 청년은 너무 분주하다 보니 교회에서의 활동은 전혀 관심이 없었습니다. 그러던 어느 날, 그는 친구를 따라서 성찬식이 열리는 주일에 교회에 가게 되었습니다. 그는 생전 처음으로 사람들이 성찬을 받는 광경을 보았습니다. 그는 성찬의 의미에 대해서 거의 듣지 못했지만, 분병과 분즙이 될 때에 그의 친구가 먼저 받았고, 후에 그도 따라서 받았습니다. 그는 마치 성찬의 떡과 포도주를 파티에 참석해서 술과 안주를 먹고 마시듯이 했습니다. 그는 포도주와 떡에 담긴 의미를 전혀 알지 못했으며, 그가 성찬을 받은 것은 그의 삶에 아무런 변화도 일으키지 않았습니다. 외적으로 성찬을 받기 전에 그리스도의 피에 의해 심령이 정결하게 되는 것이 어떤 의미를 지니고 있는지에 대해서 먼저 알아야 합니다.

신앙생활을 제법 잘한다는 크리스천 중에는 이 청년처럼 떡과 포도주의 의미를 알지 못하므로 성찬에 참여하고도 아무런 유익을 얻지 못하는 이들이 많습니다. 그들은 우리의 유월절 어린양이신 그리스도께서 우리를 위하여 희생당하셨을 때에, 그 피가 우리를 사망으로부터 구원하고, 그 몸이 우리의 몸에 치유와 건강을 가져다 주었다는 것을 전혀 배우지 못했습니다. 그들이 치유를 받지 못하는 것은 기대하지 않기 때문입니다.

사망의 천사가 이스라엘 백성의 집들을 지나갔을 때, 그는 그들의 식탁과 찬장에 무엇이 있었는지 관심이 없었습니다.

왜냐하면, 하나님께서는 "내가 그 피를 볼 때에 너를 넘어 가리라." 하고 말씀하셨기 때문입니다. 이와 같이 피는 사망하게 하는 정죄를 비켜가게 합니다. 그러나 그 피를 문설주에 바르기 전에는 하나님의 명령은 완전하게 수행된 것이 아닙니다. 이는 하나님께서 그들이 그 밤에 양의 고기를 먹으므로 다음날에 있을 출애굽을 위해 힘을 얻으라고 명령하셨기 때문입니다.

갈보리에서 흘리신 그리스도의 보혈은 우리의 죄를 대속하기에 충분합니다. 우리가 만약 치유를 받아들이지 않는다면, 그리스도께서 채찍으로 당하신 고난들과 빌라도의 심판대 앞에서 당하신 고난들은 전혀 무가치한 것으로 남게 되는 것입니다. 하지만 그리스도의 고난들은 절대로 무가치하지 않습니다!

"이를 위하여 너희가 부르심을 받았으니 그리스도도 너희를 위하여 고난을 받으사 너희에게 본을 끼쳐 그 자취를 따라오게 하려 하셨느니라. 그는 죄를 범하지 아니하시고 그 입에 거짓도 없으시며 욕을 당하시되 맞대어 욕하지 아니하시고 고난을 당하시되 위협하지 아니하시고 오직 공의로 심판하시는 이에게 부탁하시며 친히 나무에 달려 그 몸으로 우리 죄를 담당하셨으니 이는 우리로 죄에 대하여 죽고 의에 대하여 살게 하려 하심이라. 그가 채찍에 맞음으로 너희는 나음을 얻었나니"(벧전 2:21-24).

우리는 그리스도의 보혈의 능력을 믿음으로 분별하므로 죄와 죄책감에서 자유를 얻게 됩니다. 그리고 우리가 그리스도의 몸을 분별하게 되면 우리 가운데 약하거나 아픈 사람이 있을 필요가 없게 되는 것입니다. 하나님께서 이스라엘 백성을 애굽에서 나오게 하셨을 때에, 그들은 유월절 어린양의 몸과 피를 공히 받아들였습니다. 그러므로 그들 중에는 비틀거리는 사람이 하나도 없었습니다(시 105:37 참조).

오늘날의 많은 교회는 자신들이 믿는 바를 지속적으로 유지하므로 성찬 시에 오직 포도주만을 사용할 것입니다. 그들은 구원을 위한 보혈을 믿습니다. 그러나 그들은 치유를 위해 찢기신 몸은 거부합니다. 그래서 수많은 사람이 아픈 것은 이상한 일이 아닙니다. 그들은 지시에 따라서 사용하기만 하면 모든 질병을 치유되도록 보증된 유일한 처방약을 거절했습니다!

그러나 아마도 수많은 사람이 이 영광스러운 진리를 붙잡을 수 없는 이유는 성찬을 받을 자격이 없다는 것에 대한 세 번째 의미에서 발견됩니다.

세 번째 의미는, 세상에서 살아 움직이는 주님의 몸(교회를 의미함-역주)을 분별하지 못 한다는 것입니다. 당신은 그리스도의 몸이요, 지체입니다. 많은 사람이 이 사실을 인식하지 못하기 때문에 그리스도의 몸을 분열시키는 죄를 범합니다. 그리스도의 몸을 분열시키는 것은 죄입니다. 죄는 믿음을 소멸합니다.

그러므로 우리가 크리스천들로서 성찬을 받을 때에 교회의 다른 지체들과의 관계가 어떠한지를 고린도전서 12장을 통해서 진단해보아야 합니다. 즉 교회 안에 계신 그리스도의 영에 의해 세워진 어떤 사역자나 은사를 업신여기지는 않았는지 점검해보아야 한다는 것입니다.

영적 행복과 육적 행복은 공히 그리스도의 몸인 교회에서 올바른 책임을 질 때에 온다고 해도 과언은 아닙니다. 만약 당신이 그리스도의 몸을 분열하는 죄를 범했다면, 회개하십시오. 만약 당신이 이간질하여 성도들 사이를 갈라놓았거나 교만과 독선으로 교회를 분별하게 했다면, 그 죄를 회개하고 더는 같은 죄를 범하지 마십시오. 그리하면 당신의 믿음이 성장할 것입니다. 당신이 속해 있는 교회가 개척교회든 대형교회든 상관없이 그곳에서 바르게 신앙생활을 해야 하고, 다른 사람들도 그리할 수 있도록 도와주어야 합니다.

그리고 당신의 죄를 씻기 위해서 그리스도의 보혈을 받아들이고, 당신의 몸의 치유를 위해서 그리스도의 몸을 믿음으로 받아들이십시오. 치유는 당신의 것입니다. 예수님께서는 십자가에서 당신의 구원을 사시던 날에 당신의 치유도 사셨습니다. 지금 주님의 몸을 분별하십시오. 그러면 당신도 당신의 몸을 위한 치유의 복을 즐길 수 있게 될 것입니다. 그리스도께서 당신을 대신해서 이미 고난을 당하셨기 때문에 사탄은 법적으로 당신을 괴롭힐 수 없습니다.

예전에 경이로운 치유를 경험한 사람 중에는 오늘 아픈

사람들이 있습니다. 어떤 사람들은 과거에 매우 영광스럽게 치유 받은 질병이 재발한 것에 대해서 고통을 호소하기도 합니다.

예수님께서 세상에 계셨을 때, 그분께서는 이런 상황에 대해서 언급하셨습니다. 이것은 질병이 재발한 사람들의 회복이 하나님의 뜻이 아니라는 것을 의미하거나 그들이 영구히 치유될 수 없다는 것을 의미하지 않습니다.

예수님께서는 자기가 치유하셨던 한 사람에게 더 심한 것이 생기지 않게 다시는 죄를 범하지 말라"(요 5:14) 하고 경고하셨습니다.

하나님께서는 사람이 더 건강하여 죄를 계속 짓을 수 있도록 하게 하려고 그를 치유하시는 분이 아닙니다. 많은 사람이 하나님께 불손하고 불순종하여 다시 병에 듭니다. (이에 대해서는 12장 "당신의 치유를 유지하세요"에서 더 자세하게 다룰 것입니다. 만약 당신이 받은 치유가 유지되지 못했다면, 12장을 반드시 읽으세요. 당신은 용기를 잃을 필요가 없습니다. 당신도 질병의 재발에서 구원받을 수 있습니다.)

### 적절한 건강관리는 필수다

질병은 몸을 적절하게 관리하지 않기 때문에 오는 경우가 허다합니다. 자연법칙은 육체의 건강을 위한 하나님의 법칙입니다. 자연법칙을 어기고도 질병이나 허약의 처벌을 받지 않을 수는 없습니다. 신유(divine healing)는 결코 몸을 위한 적절한 관리휴식, 운동, 알맞은 음식 섭취, 몸을 약하게 만드는 습관들을 피함를 대신하기 위한 것이 아닙니다.

하나님께서는 자기 백성에게 7일 중에 하루를 안식하라고 명하셨습니다. 우리는 율법의 의무로써 안식일, 즉 장차 올 더 나은 안식을 위한 예표를 지키지 않지만, 예수님께서는 사람이 안식일을 위해서 만들어진 것이 아니라 안식일이 사람을 위해서 만들어진 것이라고 선포하셨습니다(막 2:27). 7일 중 하루의 안식은 좋은 건강을 위해 필수라는 것은 이미 증명되었습니다.

안식할 시간이 없는 사람들, 즉 하나님의 집에서 예배드리는 시간도 없이 너무 바쁘게 사는 사람들은 자신의 몸에 질병이 들어오게 하는 것입니다. 그들은 치유 받을 만한 믿음을 얻을 수 없습니다. 이는 믿음은 들음에서 나고 들음은 그리스도의 말씀으로 말미암기 때문입니다(롬 10:7).

치유는 모든 하나님의 백성에게 합당한 것입니다. 그러나 오직 믿음으로만 가능하게 되는 것이며, 믿음은 하나님의 말씀을 듣고 순종하지 않고서는 올 수 없습니다. 많은 사람이 그들의 몸을 위해서 기도 받기를 학수고대하지만, 하나님의 말씀을 통하여 치유에 대한 가르침을 받기 위해 예배에 참석하는 것은 시간이 없어서 못한다고 말합니다. 그들은 일요일을 포함하여 매일 일합니다. 그래서 그들 중 많은 이가 신경쇠약에 걸려 있습니다. 세월이 흐를수록 과로로 인해 오는 신경쇠약과 정신분열과 육체통증이 증가하고 있습니다. 이것들은 하나님의 명령에 대한 관심이 점점 식기 때문에 오는 것임이 분명합니다.

"안식일을 기억하여 거룩하게 지키라. 엿새 동안은 힘써 네 모든 일을 행할 것이나 일곱째 날은 네 하나님 여호와의 안식일인즉 너나 네 아들이나 네 딸이나 네 남종이나 네 여종이나 네 가축이나 네 문안에 머무는 객이라도 아무 일도 하지 말라 이는 엿새 동안에 나 여호와가 하늘과 땅과 바다와 그 가운데 모든 것을 만들고 일곱째 날에 쉬었음이라. 그러므로 나 여호와가 안식일을 복되게 하여 그 날을 거룩하게 하였느니라"(출 20:9-11).

의학계는 다수의 질병을 영양실조와 동일하게 취급합니다. 영양실조는 음식을 통해서 섭취해야 하는 필수 영양소들을 적절히 얻지 못하므로 발생합니다. 크리스천들은 하나님께서 이 세상에 주신 여러 종류의 음식들의 가치를 숙고해야 하며, 그들의 몸을 튼튼하고 건강하게 유지해주는 음식을 선택해야 합니다. 이것은 영혼의 구원을 다루는 것은 아니지만, 몸의 건강을 위해서 매우 중요합니다.

**과식**
예수님께서는 사람이 떡으로만 살 것이 아니라고 말씀하셨습니다. 하나님 나라의 영원한 가치는 이 세상에서 좋은 음식을 먹고 마시는 것과는 비교할 수 없이 크고 위대합니다. 우리는 이기기 위해서 모든 일에 절제하라는 조언을 받았습니다 (고전 9:25).

과식은 몇몇 질병의 직접 원인이며, 다수의 질병이 더 많이 발병하게 하는 원인이기도 합니다. 몸의 모든 장기, 즉 간장과 위장과 심장 같은 것들은 과식으로 인하여 제 기능을 발휘하지 못하게 됩니다. 그 결과로써 몸에 질병들이 들어오게 되고 간 질환과 위장병과 심장병을 앓게 됩니다.

영양실조는 심지어 과식하는 사람들 가운데에서도 유행합니다. 왜냐하면, 그들은 음식을 몸의 필요에 의해서 고르는 것이 아니라 맛에 따라서 고르기 때문입니다. 너무 많은 음식, 너무 단 음식들, 너무 많은 육류, 또는 너무 많은 전분을 함유한 음식들은 몸을 뚱뚱하게 만들고, 심장과 소화기관에 과도한 부담을 주며, 좋은 건강을 위해 필요한 영양소 섭취를 방해할 수 있습니다.

나에게 와서 치유기도를 요구하는 많은 사람이 조금만 더 적절한 음식을 선택하여 먹었다면, 결코 치유기도를 받으러 올 필요가 없었을 것입니다. 그리고 즉석에서 일어나는 기적적인 치유는 그들에게 그다지 큰 유익을 주지는 않을 것입니다. 그들은 치유기도를 받기 전에 자신들의 몸에 질병을 가져다 준 직접적인 원인이었던 자연법칙에 대한 불순종을 곧바로 반복하므로 건강을 해칠 것입니다.

**나쁜 습관들**

또한, 크리스천 중에는 나쁜 습관들을 통해서 자기 몸을 망치는 사람들이 있습니다. 술과 마약과 담배를 사용하는 사람들은 말할 필요도 없습니다. 하지만 여전히 우리 주변에는 이러한 습관들에 사로잡혀서 종노릇하는 사람들이 많습니다.

가장 유능한 의사들과 운동선수들과 코치들과 및 몸을 강건하게 만드는 것에 관심을 갖는 이들에 의해 실증되었듯이, 이 모든 습관은 몸에 치명적인 해를 끼치는 것들입니다. 많은 질병, 특히 심장병과 간 질환은 술과 마약과 담배가 직접적인 원인이 됩니다.

고린도전서 3장 17절은 "누구든지 하나님의 성전을 더럽히면 하나님이 그 사람을 멸하시리라. 하나님의 성전은 거룩하니 너희도 그러하니라."고 말씀합니다.

자기 몸을 술과 마약과 담배로 더럽히는 동시에 치유 받이기를 기대한다는 것은 거의 상상도 못 할 일입니다. 만약 당신이 이것들 중 어느 것에라도 묶여 있다면, 지금이 바로 당신의 몸을 자유롭게 할 때입니다. 당신이 이것들을 버리려고 시도할 때에, 이것들이 얼마나 당신의 몸에 해를 끼쳤는지를 곧바로 알게 될 것입니다. 그러나 하나님께서는 "그러므로 아들이 너희를 자유롭게 하면 너희가 참으로 자유로우리라."(요 8:36) 하고 말씀하셨습니다.

이 사악한 습관들이 당신을 종으로 만들고 있다는 것을 깨닫고 하나님의 은혜를 바라볼 때에, 그분께서는 당신을 자유롭게 하실 것입니다! 당신이 하나님의 능력으로 인하여 질병으로부터 건짐을 받게 될 때에, 질병의 원인마저 떠나갈 것입니다. 그러면 건강한 상태로 살아갈 수 있게 될 것입니다.

고린도전서 3장 17절을 포함하여 많은 구절이 하나님께서 인간의 몸을 거처로 삼으셨다는 것을 말씀합니다. 그리고 고린도전서 6장 19절은 "너희 몸은 너희가 하나님께로부터 받은 바 너희 가운데 계신 성령의 전인 줄을 알지 못하느냐? 너희는 너희 자신의 것이 아니라."고 말씀하십니다. 이것은 하나님의 거룩한 진리이며, 우리의 성스러운 의무입니다. 그리고 하나님께서는 우리가 우리 몸을 혹사하는 것으로 인하여 영광을 받으시지 않습니다.

부주의하게 극한 기온이나 전염성 질환들의 균에 몸을 노출시키는 것은 하나님을 시험하는 행위이고, 이렇게 하면 즉시 질병이 들어옵니다. 만약 이런 위험들에 노출되는 것을 피할 수 없는 상황이라면, 우리는 하나님의 보호를 구할 수 있습니다. 우리가 믿음으로 행하는 동안에는 두려움의 노예가 될 필요는 없는 것입니다.

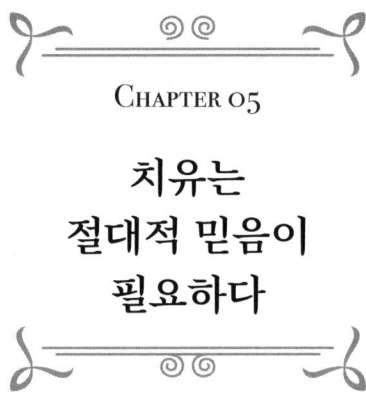

CHAPTER 05

# 치유는 절대적 믿음이 필요하다

"네 믿음이 너를 구원하였으니"(막 5:34).

"너희 믿음대로 되라"(마 9:29).

"네 믿은 대로 될지어다"(마 8:13).

"오직 믿음으로 구하고 조금도 의심하지 말라. 의심하는 자는 마치 바람에 밀려 요동하는 바다 물결 같으니 이런 사람은 무엇이든지 주께 얻기를 생각하지 말라"(약 1:6, 7).

마가복음 5장 24-34절에 의하면, 12년 동안 혈루병으로 고통받던 한 여자의 이야기가 기록되어 있습니다. 그녀는 많은 의사에 의해서 많은 고통을 당했고, 모든 소유를 잃었습니다. 그런데도 나아지기는커녕 점점 더 악화하였습니다. 결국, 그녀는 예수님에 대한 이야기를 듣게 되었고, 예수님의 옷자락을 만진 후에 치유를 받게 되었습니다. 무엇이 그녀의 몸을 온전하게 만들었을까요? 많은 사람이 "그녀를 치유하신 분은 그리스도입니다."라고 말할 것입니다. 어떤 면에서는 그 말이 맞습니다. 이는 그녀가 예수님을 만지지 않았더라면 결코 치유 받지 못했을 것이기 때문입니다. 하지만 그녀가 치유된 후에 그리스도께서 "딸아, 네 믿음이 너를 구원하였다"(34절)라고 말씀하셨습니다.

예수님의 말씀에 의하면, 그녀를 온전하게 만든 것은 그녀의 믿음이었습니다. 만약 그녀에게 믿음이 없었다면, 예수님의 옷자락을 만져서 자신의 문제들을 극복하려고 생각한다는 것은 불가능했을 것입니다.

언젠가는 두 맹인이 치유 받기 위해서 예수님께로 왔습니다. 예수님께서는 그들의 눈을 만지셨고, 그들의 눈이 열렸습니다. 무엇이 그 맹인들의 눈을 열었을까요? 예수님께서는 그들의 눈을 만지신 후에 "너희 믿음대로 되라"(마 9:29)고 말씀하셨습니다. 사실 그들을 치유한 것은 예수 그리스도로 인한 하나님의 능력을 믿은 그들의 믿음이었습니다.

예수님께서는 백부장에게 "네 믿은 대로 될지어다"(마 8:13)라고 말씀하셨습니다.

신약에서 예수님과 그 제자들의 치유사역에 대한 기사들을 읽어보면, 위와 같은 말씀들을 많이 발견하게 됩니다. 하나님의 모든 약속은 믿음을 요구합니다. 하나님으로부터 무엇을 받을 수 있는 다른 방법은 없습니다.

야고보는 이것에 대해서 가장 선명한 언어로 진술했습니다. "오직 믿음으로 구하고 조금도 의심하지 말라. 의심하는 자는 마치 바람에 밀려 요동하는 바다 물결 같으니 이런 사람은 무엇이든지 주께 얻기를 생각하지 말라"(약 1:6,7). 믿음은 하나님으로부터 무엇이든지 받고자 하는 사람에게는 절대적으로 필요합니다.

**치유의 은사 + 믿음 = 치유**

오늘날의 많은 사람이 잘못된 생각을 하고 있습니다. 그것은 많은 사역자가 치유의 은사와 능력 행함의 은사를 행한다는 이유로, 자신들은 믿음을 갖지 않아도 치유집회에 참석하기만 하면 치유될 것으로 생각합니다. 그들은 치유의 은사가 그들의 하나님에 대한 믿음을 대신할 것이라고 생각합니다. 이것은 성경적이 아닙니다! 치유의 은사는 당신의 하나님에 대한 믿음을 대신하지 않을 것입니다.

그리스도께서는 치유와 능력 행함을 포함하여 성령님의 모든 은사를 행하셨다는 것에는 의심의 여지가 없습니다. 그러나 예수님께서 나사렛으로 가셨을 때, 그분께서는 그곳에서 몇몇 병자에게 안수하여 고친 것 외에는 어떠한 강력한 사역도 할 수 없었습니다(막 6:5 참조).

**"그들이 믿지 않음으로 말미암아 거기서 많은 능력을 행하지 아니하시니라"**(마 13:58).

예수님께서 소유하셨던 치유의 은사는 다른 사람들이 믿음을 갖지 않은 상태에서 그들을 치유한 적이 없습니다. 마찬가지로 오늘날 치유의 은사를 행하는 사역자들도 당신이 믿음을 가지고 있지 않은 상태에서 당신에게 치유를 행하지는 않을 것입니다.

바울은 루스드라에서 어떤 남자를 만났는데, 그는 두 발을 사용할 수 없는 불구였습니다. 바울은 그에게 큰 소리로 "네 발로 바로 일어서라."(행 14:10) 하고 말했습니다. 그 남자는 즉시 치유 받고서 뛰기도 하고 걷기도 했습니다!

사도행전 14장 9절에 의하면, 바울이 그 남자의 두 발로 일어서라고 명하기 전, 그는 그 남자에게 치유 받을 만한 믿음이 있었다는 것을 알았습니다. 비록 바울이 치유의 은사와 능력 행함의 은사를 행했을지라도, 그는 그 은사들만으로는 병자들이 열망하는 치유를 가져오기에 충분하지 않다는 것을 깨달았습니다. 고난을 받고 있는 사람의 믿음은 그에게 치유를 가져오는데 필수불가결한 것입니다.

예수님께서 혈루병을 앓던 여자를 치유하셨을 때에, 그분께서는 "딸아, 나의 은사가 너를 구원하였느니라."가 아니라 "딸아 네 믿음이 너를 구원하였느니라." 하고 말씀하셨습니다.

바울은 두 발을 못 쓰던 남자에게 "좋습니다. 형제님, 이 표를 들고 줄을 서서 순서를 기다리세요. 저에게는 치유의 은사가 있습니다."라고 말하지 않았습니다. 오히려 바울은 그 상황을 보고서 그 남자에게 치유 받을 만한 믿음이 있는 것을 분별했습니다!

하나님의 기름부음 받은 사역자들이 예수님의 이름으로 치유를 행하는 집회에 참석할 수 있다는 것은 놀라운 특권입니다! 그러나 그것만으로는 충분하지 않습니다.

만약 오늘날 그리스도께서 치유집회를 열어서 병든 사람들에게 안수하셨다면, 옛날처럼 "네 믿음이 너를 구원하였느니라!" 하고 말씀하셨을 것입니다.

**빌린 믿음**

어떤 사람들은 자신들에게 믿음이 없다는 것을 시인합니다. 그러면서 그들은 만약 다른 사람의 믿음으로 자신들이 치유 받은 것이 가능한지 물어봅니다. 많은 사람이 나에게 "저는 믿음이 없습니다. 하지만 목사님의 믿음으로 제가 치유 받을 수는 있겠죠?"라고 말합니다.

야고보서 5장 16절은 의인의 기도는 역사하는 힘이 크다는 것을 말씀합니다. 그러나 하나님께서는 믿음을 가진 사람들에게 치유를 보증하셨습니다!

당신은 다른 사람의 믿음으로 말미암아 치유 받을 수 있습니다. 하지만 그 치유를 어떻게 유지할 것인가요?

믿음은 치유를 받기 위해서만 필요한 것이 아니라 그것을 유지하기 위해서도 필요합니다. 왜냐하면, 사탄은 그리 쉽게 물러설 존재가 아니기 때문입니다. 한 사람이 치유 받으면, 사탄은 즉시 그를 공격하는 것이 일반적입니다. 사탄이 그를 공격하는 이유는 그가 하나님으로부터 받은 선물을 낚아채기 위해서입니다. 이와 같이, 만약 당신의 치유가 다른 누군가의 믿음에 의지한 것이라면, 사탄은 당신에게서 치유를 빼앗아 가기 위하여 당신이 그가 함께 있지 않은 때를 기다리다가 완전히 무방비 상태가 되면 맹공격을 합니다. 이것이 바로 오늘날의 수많은 사람이 과거에 치유 받았던 질병의 재발로 인해 고통받는 이유입니다.

당신의 믿음이 약하다 해도 실망하지 마세요.

나는 다음 장을 믿음이 약한 당신을 염두에 두고서 기록했습니다.

당신이 그 가르침을 따르기만 한다면, 그것은 당신의 믿음을 세워줄 것입니다.

기도하고 순종하는 마음으로 읽으세요. 그렇게 하므로 믿음의 불꽃이 더욱 밝게 타오를 것입니다.

CHAPTER 06

# 하나님께서 주시는 믿음을 소유하라

우리는 앞에서 믿음은 치유를 위한 절대적 필요조건이라는 것을 배웠습니다. 하나님의 말씀에는 수천 개의 약속이 있는데, 모든 약속은 믿음을 요구합니다. 그것은 당신이 소유할 수 있는 믿음입니다! 그것은 하나님께서 당신에게 주시는 믿음입니다!

어느 날, 예수님께서는 베다니로 가시는 길에 열매를 맺지 못한 무화과나무를 저주하셨습니다(막 11:12 참조). 그분께서는 그 후로 그 나무로부터 누구도 열매를 얻지 못할 것이라고 선언하셨습니다. 비록 즉시 이루어진 사건은 아니기는 하지만, 얼마 후에 강력한 기적이 일어났습니다. 믿음이 행해진 것입니다.

다음 날 아침, 예수님의 제자들이 그 무화과나무를 다시 보았을 때에, 그것은 이미 뿌리부터 말라버린 상태였습니다. 베드로는 나무가 완전히 말라버린 것을 발견하고는 놀라워했습니다.

이에 예수님께서는 베드로에게 "하나님을 믿으라. 내가 진실로 너희에게 이르노니 누구든지 이 산더러 들리어 바다에 던져지라 하며 그 말하는 것이 이루어질 줄 믿고 마음에 의심하지 아니하면 그대로 되리라"(막 11:22,23) 하고 말씀하셨습니다. 이 말씀에 따르면, 다른 사람들도 예수님께서 사용하셨던 믿음과 동일한 믿음을 소유할 수 있음이 분명합니다.

우리는 하나님을 믿는 믿음을 소유할 수 있습니다. 그 믿음은 문자 그대로 하나님께서 우리에게 주시는 믿음입니다!

**믿음의 대가**

하나님께서는 믿음을 주십니다. 하나님께서는 누구든지 어떤 대가를 지급하더라도 믿음을 필사적으로 소유하고자 하는 모든 사람에게 믿음을 주십니다.

그 대가는 순종과 양선과 성결과 예수님을 따름과 정죄 없는 삶을 사는 것과 성경의 충만한 빛 가운데 행하는 것입니다.

사도 요한은 "만일 우리 마음이 우리를 책망할 것이 없으면 하나님 앞에서 담대함을 얻는다."(요일 3:21)라고 선포했습니다.

웹스터사전은 믿음을 일컬어 "한 사람을 온전히 확신함"이라고 정의했습니다. 물론 우리가 하나님보다 더 온전히 확신할 사람은 없습니다!

믿음은 당신의 척추를 타고서 오르락내리락하는 어떤 신비

롭고 짜릿한 기분이 아닙니다. 믿음은 일반적으로 매일의 삶에서 모든 일을 통해 드러냅니다. 당신은 한 통의 편지를 쓰고서 우체국으로 가서 우표를 구입한 후에 봉투에 우표를 붙여서 우체통에 넣을 때에, 당신이 편지봉투에 기입한 수신자가 며칠 후에 그 편지를 받을 것이라고 확신합니다. 당신은 그 친구가 편지를 받을지, 못 받을지에 대해 갑자기 부담스러운 기분을 느끼지는 않을 것입니다. 당신의 친구가 편지를 못 받을 것 같은 의심은 당신의 생각에 들어오지 않습니다.

어떤 사람들은 예수님을 믿는 것보다는 이웃집 아저씨를 더 믿습니다. 그러나 우리가 해야 할 부분을 하면, 우리는 하나님의 약속들을 의심할 이유가 없습니다.

만약 그 편지가 우체국에 맡겨지지 않았거나 우표가 떨어져 나갔거나 하면, 그 편지가 친구에게 도착하지 못할 것으로 의심할 이유가 있습니다. 이와 같이, 만약 우리가 해야 할 부분인 하나님께 간구하기를 거부하거나 게을리하면, 그분으로부터 응답을 받을 것을 기대할 이유가 없는 것입니다. 그러나 만약 우리가 해야 할 부분을 한다면, 하나님께서는 자기가 하셔야 할 부분을 확실하게 하실 것입니다. 치유는 우리의 것입니다!

이제 우리가 무엇을 얻으려고 수고하는지를 알았으니, 그것을 얻는 성경적인 방법들을 숙고해봅시다. 아무리 지인이 믿을만한 사람이라 할지라도, 우리는 그를 꼼꼼히 알아보기 전에는 결코 그를 온전히 확신할 수는 없습니다. 이것이 바로 많은 사람이 하나님을 신뢰하지 못하는 이유입니다.

우리는 하나님과 날마다 동행하고 성경을 읽으므로 그분을 알게 됩니다.

"믿음은 들음에서 나며 들음은 그리스도의 말씀으로 말미암았느니라"(롬 10:17).

하나님의 말씀을 읽으세요. 당신이 신뢰하는 친구로부터 온 편지를 읽는 것처럼 성경을 읽으세요. 성경을 최후의 권위로 여기십시오. 성경의 진리에 대해 왈가왈부하는 책들과 사람들로부터 단호하게 돌아서십시오.

예수님께서는 당시의 종교인들이 하나님의 말씀을 사람의 유전(막 7:13 참조)보다 못한 것으로 만든 행위와 사람이 만든 계명을 가르치던 행위를 책망하셨습니다.

오늘날의 많은 설교자는 하나님의 약속들을 무익한 것으로 만듭니다. 그들은 하나님의 말씀이 아닌, 자신들이 연구한 것들을 기초로 가르칩니다. 믿음은 오직 하나님 말씀의 능력 위에 세워집니다. 믿음은 결코 우리의 약함이나 실패에 기초하지 않습니다.

하나님의 말씀을 통하여 심령에 심긴 믿음은 하나님을 위한 순수한 사랑에 의해 물과 영양분을 공급받아야 합니다.

온전한 사랑은 두려움을 몰아냅니다(요일 4:18 참조). 두려움은 믿음의 정반대입니다. 이것은 믿음을 죽이는 것입니다. 사랑 안에는 두려움이 없습니다.

당신이 하나님을 사랑하지 않고는 믿음을 소유할 수 없습니다. 당신은 그분께서 당신을 치유하신다는 것을 소망할 수 있습니다. 당신은 하나님을 사랑하지 않고서도 "저는 하나님께서 능하신 것을 압니다."라고 말할 수는 있지만, 믿음은 소유할 수 없습니다.

### 하나님의 계명들을 순종하라

만약 당신이 하나님을 사랑한다면, 그분의 계명들을 지킬 것입니다(요 14:15,21,23 참조). 그분의 계명들을 지키지 않는 것은 믿음을 가질 수 없는 이유가 됩니다.

믿음은 사랑으로 역사합니다(갈 5:6 참조). 사랑은 순종에 의해 나타납니다. 하나님의 드러난 뜻에 대한 불순종은 믿음과 사랑이 부족하다는 것을 가리킵니다.

만약 우리가 하나님을 사랑한다면, 하나님의 뜻을 알고 지키는 데 관심을 가질 것입니다. 나는 우리의 믿음을 방해하는 오늘날의 가장 큰 장애물은 불순종이라고 믿습니다.

요한은 "사랑하는 자들아 만일 우리 마음이 우리를 책망할 것이 없으면 하나님 앞에서 담대함을 얻고 무엇이든지 구하는 바를 그에게서 받나니 이는 우리가 그의 계명을 지키고 그 앞에서 기뻐하시는 것을 행함이라"(요일 3:21,22) 하고 말씀했습니다.

진정으로 살아서 움직이는 믿음은 하나님의 영과 이웃으로 더불어 화목하지 않은 사람들에게 들어오는 것은 불가능합니다. 왜냐하면, 그들은 하나님의 계명들에 불순종하는 삶을 살아가고 있기 때문입니다.

자신들이 크리스천이라고 시인하는 사람 중에는 여전히 하나님의 말씀과 뜻에 대해 불순종하므로 죄를 지어 지속적인 정죄를 받는 이들이 많습니다. 이런 사람은 자기 죄를 회개하고 돌이키기 전에는 절대로 진정한 믿음을 소유할 수 없습니다.

오직 회개를 통해서 정죄를 피하게 됩니다. 그때 비로소 그는 하나님을 향하여 깨끗한 양심을 갖게 됩니다. 깨끗한 양심은 온전한 확신과 믿음을 가져옵니다.

### 성령님을 받으라

어떤 사람들의 확신은 빛성경이 말씀하는 성령세례이 세상에 왔으나 그 빛 가운데 행하지 않으므로 정죄를 받아 깨어지는 경우가 있습니다. 그들은 이토록 영광스러운 성령세례를 받아야 한다는 것을 알고 있기는 하지만, 그것을 받을 수 있는 필요조건들을 갖추지 않았습니다.

"너희가 믿을 때에 성령을 받았느냐?"(행 19:2).

이 말씀은 크리스천들에 의해 부당한 질문으로 취급되어서는 안 됩니다. 바울은 이 질문을 에베소에 있던 12명의 믿는 자들에게 던졌습니다. 모든 그리스도인들은 이 경험을 가져야 합니다.

　그리스도인들은 하나님께서 성령세례를 받으라고 명하셨기 때문만이 아니라(이것만으로도 충분한 이유가 됩니다), 주님을 증거하며 사역하기 위한 능력이 필요하기 때문이기도 합니다.

　신약교회의 모든 지체는 성령님으로 충만함을 받았습니다. 신약에 기록된 모든 그리스도인들은 각각 성령으로 세례를 받았습니다. 성령세례는 회심과는 다르며, 회심 후에 오는 것입니다. 예수님의 제자들은 모두 구원받았습니다. 그리스도께서 그들이 구원받았다는 증거의 표적으로 그들에게 복음을 전하고 병든 사람들을 치유하고 귀신들을 쫓아낼 능력과 권세를 주셨습니다(눅 9:1,2 참조). 그러나 예수님께서는 그들에게 명하시기를 "예루살렘을 떠나지 말고 내게서 들은 바 아버지께서 약속하신 것을 기다리라 요한은 물로 세례를 베풀었으나 너희는 몇 날이 못되어 성령으로 세례를 받으리라"(행 1:4,5)라고 하셨습니다.

**"볼지어다. 내가 내 아버지께서 약속하신 것을 너희에게 보내리니 너희는 위로부터 능력으로 입혀질 때까지 이 성에 머물라"(눅 24:49).**

　이 명령은 단지 옛날 옛적의 몇몇 사람에게만 하신 것이 아니라, 전 세계에 흩어져있는 오늘날의 모든 크리스천에게도 하신 것입니다.

베드로는 성령님에 관한 첫 설교를 한 후에 "너희가 회개하여 각각 예수 그리스도의 이름으로 세례를 받고 죄 사함을 받으라. 그리하면 성령의 선물을 받으리니 이 약속은 너희와 너희 자녀와 모든 먼 데 사람 곧 주 우리 하나님이 얼마든지 부르시는 자들에게 하신 것이라"(행 2:38-39) 하고 말씀했습니다.

많은 사람이 성령세례를 하나님의 직접적인 명령이 아니라 단지 하나의 특권이라고만 여깁니다. 그러나 이것은 명령입니다. 바울은 이에 대하여 "술 취하지 말라. 이는 방탕한 것이니 오직 성령으로 충만함을 받으라."(엡 5:18) 하고 말씀했습니다.

성령세례는 하나님의 명령이기에, 당신은 하나님의 명령에 순종해야 합니다. 하나님의 진리의 빛으로 들어오는 사람들은 그 빛과 동행해야 합니다. 그렇게 하지 않으면 그 빛이 그에게 정죄를 가져오게 됩니다.

**"그 정죄는 이것이니 곧 빛이 세상에 왔으되 사람들이 자기 행위가 악하므로 빛보다 어둠을 더 사랑한 것이니라"**(요 3:19).

많은 사람이 정죄 아래 사는 것은 그들이 영광스러운 경험인 성령세례를 받기 위해서 전적인 순종에 헌신하지 않기 때문입니다.

사도행전 5장 32절은 순종했던 사람들이 성령님을 받았다는 것을 선명하게 말씀합니다.

"우리는 이 일에 증인이요 하나님이 자기에게 순종하는 사람들에게 주신 성령도 그러하니라"(행 5:32).

만약 당신이 아직 성령님으로 충만함을 받지 못했다는 것은 당신이 아직 전적으로 순종하지 않았다는 것을 이 구절이 증명하고 있습니다. 당신이 순종하지 않는다는 것은 당신이 불순종하고 있다는 것입니다. 불순종은 죄입니다. 죄는 정죄를 불러옵니다. 정죄는 믿음을 파괴합니다.

**그리스도 안에 거하라**

"너희가 내 안에 거하고 내 말이 너희 안에 거하면 무엇이든지 원하는 대로 구하라. 그리하면 이루리라"(요 15:7).

사람들은 하나님께서 주시는 진정한 믿음을 사용하기 전에 그리스도 안에 거해야 합니다. 하나님께서는 그분 안에 거하지 않는 사람에게 믿음을 주시지 않습니다.

만약 그분께서 술주정뱅이들과 창기들과 도둑들과 살인자들과 및 하나님 나라의 원수들과 같은 이들에게 믿음을 주셨다면, 그들은 믿음을 사용하여서 자신들이 구하는 모든 것을 하나님으로부터 받아낼 수 있을 것입니다.

그러나 하나님의 축복은 그분을 섬기는 사람들과 그분에게 우선순위를 두는 사람들을 위한 것이듯이, 그들은 믿음을 실제로 사용하기 전에 그리스도 안에 거해야 합니다.

그리스도 안에 거한다는 것의 정의가 무엇인지를 성경을 통해서 알아봅시다.

"그의 안에 산다고 하는 자는 그가 행하시는 대로 자기도 행할지니라"(요일 2:6).

이 구절을 통하여 알 수 있듯이, 만약 우리가 그리스도 안에 거한다고 시인한다면, 그분께서 행하시는 대로 행해야 합니다. 친구여, 만약 당신이 그리스도와 동행하고 있지 않다면, 당신은 그분 안에 거하고 있는 것이 아닙니다. 그래서 당신에게 믿음이 없는 것은 이상한 일이 아닙니다! 당신은 그리스도 안에 거하여 그분께서 행하시는 대로 행하기 전에는 결단코 진정한 믿음을 소유할 수 없습니다. 그리스도 안에 거하는 것은 하나님의 명령입니다.

"그리스도도 너희를 위하여 고난을 받으사 너희에게 본을 끼쳐 그 자취를 따라오게 하려 하셨느니라. 그는 죄를 범하지 아니하시고 그 입에 거짓도 없으시며"(벧전 2:21-22).

그리스도께서는 습관적으로 죄를 짓는 삶을 사시지 않았습니다. 그분께서는 죄를 용납하시지 않았습니다. 그분께서는 우리처럼 시험을 받으셨으나 마귀와 시험을 저항하셨고, 죄를 범하지 않았습니다(히 4:15 참조). 그분께서는 우리의 모범이십니다. 그리고 그분께서는 우리가 그분의 보조에 맞출 수 있도록 도우실 준비가 되어 있습니다.

**"그 안에 거하는 자마다 범죄하지 아니하나니"**(요일 3:6).

나는 이 가르침이 오늘날의 종교적 가르침에 정반대된다는 것을 알고 있습니다. 또한, 나는 자신들이 하나님의 자녀들이라고 시인하고 신유를 믿는 사람 중에서 엄청나게 많은 이들이 치유를 위해 믿음을 사용할 수 없으면서도 재삼 기도를 받는 것을 알고 있습니다. 이에 대하여 많은 의견이 있음에도 불구하고, 이 문제의 실제를 다루는 것은 중요합니다.

그들이 질병과 통증과 아픔으로 인하여 계속 고통받으면서 치유를 받지 못하는 이유가 있습니다. 그것은 하나님께서 그들을 차별하시기 때문에 그런 것이 아닙니다. 그것은 고통받는 사람이 믿음의 대가, 즉 순종과 거룩함이라는 대가를 지불하지 않았기 때문입니다.

### 거룩한 삶을 살라

거룩하지 않은 사람들도 소망을 가질 수 있습니다. 그러나 믿음은 거룩하지 않으면 가질 수 없습니다! 만약 거룩하지 않은 사람들이 믿음을 가질 수 있다면, 그들은 갈망하는 모든 것을 하나님으로부터 받을 수 있을 것입니다. 이는 하나님께서 믿음을 가진 자들에게 주시기로 보증하셨기 때문입니다.

"너희가 기도할 때에 무엇이든지 믿고 구하면 다 받으리라"(마 21:22).

또한, 하나님께서는 "모든 사람과 더불어 화평함과 거룩함을 따르라 이것이 없이는 아무도 주를 보지 못하리라"(히 12:22) 하고 말씀하셨습니다.

오늘날의 사람들은 항상 죄와 더불어 살고 있습니다. 그들이 죄를 떠나서 사는 것은 불가능합니다. 이처럼 우리도 이 세상에 사는 동안에 많은 죄를 범하게 됩니다. 이 교리를 가르치는 사람들은 구원의 경험을 가진 적이 없는 불신자들에게 속하는 여러 구절을 인용합니다.

"내가 거룩하니 너희도 거룩할지어다"(벧전 1:16).

바울은 "깨어 의를 행하고 죄를 짓지 말라. 하나님을 알지 못하는 자가 있기로 내가 너희를 부끄럽게 하기 위하여 말하노라."(고전 15:34) 하고 말씀했습니다. 이 구절에 의하면, 죄를 습관적으로 짓는 사람들은 하나님을 알지 못하는 자들입니다. 이 얼마나 부끄러운 일입니까! 이 거짓된 그리스도인들은 성경을 읽지 않는다는 것이 증명되었습니다.

"그 후에 예수께서 성전에서 그 사람을 만나 이르시되 보라 네가 나았으니 더 심한 것이 생기지 않게 다시는 죄를 범하지 말라 하시니"(요 5:14).

주님께서는 간음하다 현장에서 잡힌 여자에게 "나도 너를 정죄하지 아니 하노니 가서 다시는 죄를 범하지 말라"(요 8:11 참조) 하고 말씀하셨습니다.

"나의 자녀들아 내가 이것을 너희에게 씀은 너희로 죄를 범하지 않게 하려 함이라"(요일 2:1)

바울은 죄짓는 문제에 대한 질문에 대해서 로마서 6장 1,2절에서 종결지었습니다.
"그런즉 우리가 무슨 말을 하리요 은혜를 더하게 하려고 죄에 거하겠느냐? 그럴 수 없느니라. 죄에 대하여 죽은 우리가 어찌 그 가운데 더 살리요."

**하나님께서는 죄를 금하십니다!**

사람들이 죄의 문제에 대한 그리스도의 가르침에 대해 다시 의견을 나누고 하나님 안에 거하기 시작할 때에, 수다한 무리가 치유 받을 것이며, 이런 유의 책들은 더는 필요 없게 될 것입니다. 하지만 사람들이 진리를 배우고 깨달을 때까지는 이런 유의 책들이 더 많이 쓰여야 합니다.

수다한 사람이 "왜 저는 치유 받지 못한 것이죠?"라고 묻습니다. 이 질문에 대한 대답은 단순합니다. 믿음이 없기 때문입니다. 치유 받기에 충분한 믿음 말입니다. 믿음이 부족한 데에는 한 가지 이상의 이유가 있지만, 주요한 이유는 그들에게 거룩함이 없기 때문입니다. 또 하나의 주요 이유는 성경에 대한 무지 때문입니다. 이토록 많은 사람의 심령에 믿음이 부족한 것은 이상한 일이 아닙니다.

하나님께서 직접 믿음의 값을 매기셨습니다. 하나님을 사랑하십시오. 성경을 읽으십시오. 그분의 계명들에 순종하십시오. 그분의 약속들을 믿으십시오.

어떤 사람들에게는 이것은 지불하기에 불가능한 값처럼 보입니다. 하지만 하나님께서는 인류에게 그 값을 지불할 수 있도록 힘을 주셨습니다. 죄에서 우리를 구원하신 동일한 그리스도께서 그분의 강력한 능력에 사로잡히기를 갈망하는 사람들을 지키실 것입니다.

"주는 미쁘사 너희를 굳건하게 하시고 악한 자에게서 지키시리라"(살후 3:3).

"능히 너희를 보호하사 거침이 없게 하시고 너희로 그 영광 앞에 흠이 없이 기쁨으로 서게 하실 이 곧 우리 구주 홀로 하나이신 하나님께 우리 주 예수 그리스도로 말미암아 영광과 위엄과 권력과 권세가 영원 전부터 이제와 영원토록 있을지어다"(유1:24.)

하나님께서는 우리에게 단지 그분 안에 거하라고 명하신 것이 아닙니다. 그분께서는 우리가 마귀의 시험을 대적하는 능력을 주시므로 그분 안에 거하도록 하십니다.

"사람이 감당한 시험 밖에는 너희가 당한 것이 없나니 오직 하나님은 미쁘사 너희가 감당하지 못할 시험 당함을 허락하지 아니하시고 시험 당할 즈음에 또한 피할 길을 내가 너희로 능히 감당하게 하시느니라"(고전 10:12).

나는 하나님을 기쁘시게 하려는 진정한 갈망을 가진 사람들과 성경을 읽고 기도하는 사람들이 거룩함을 얻는 것을 보았습니다. 그들이 바로 질병과 아픔과 원수의 능력을 이기고 승리를 외치는 사람들입니다. 하나님께서 그들에게 믿음을 주셨기 때문입니다.

### 믿음 – 성령님의 은사와 열매

믿음은 성령님의 아홉 가지 은사 중의 하나로 기록되어 있습니다(고전 13:9 참조). 성령님의 아홉 가지 은사 중의 하나인 믿음을 길게 다루기에는 시간과 지면이 부족합니다. 여기에서는 성령님으로부터 받은 성령님의 은사로의 믿음만을 언급할 것입니다. 바울은 교회에게 고린도전서 12장 31절에서 "너희는 더 큰 은사를 사모하라" 하고 권고했습니다.

모든 그리스도인에게는 어느 정도의 믿음이 있습니다. 믿음이 없이는 구원을 받을 수 없습니다. 구원을 받는 순간, 믿음은 열매처럼 성장하게 되어 있습니다. 이는 믿음은 성령님의 은사인 동시에 성령님의 열매입니다(갈 5:22 참조).

과수원에서 자라는 나무 중 몇몇은 매우 적은 열매를 맺거나 형편없이 맛없는 열매를 맺듯이, 어떤 크리스천들은 성령님의 열매를 매우 적게 맺는 듯합니다. 열매는 먼저 싹을 틔우고, 다음에는 자라고 성장해야 합니다.

믿음의 열매 곧 성령의 열매가 바르게 맺히게 하기 위해서는 과수원의 열매처럼 적절하게 양분을 공급 받아야 합니다. 믿음은 하나님의 말씀에서 나기 때문에, 크리스천들은 믿음을 얻기 위해서 하나님의 말씀을 자주 읽어야 합니다. 치유에 대한 하나님의 약속들을 많이 암기하고 믿으세요. 그 구절들을 재삼 묵상하세요. 이런 식으로 할 때에 믿음이 자라게 됩니다.

믿음은 오직 하나님의 말씀 위에만 세워져야 합니다. 다른 사람들의 경험들에 대한 간증들은 치유에 대한 소망은 줄지언정 믿음은 주지 못합니다.

믿음은 단순히 다른 사람들의 경험들 때문에 세워질 수 없습니다. 믿음은 그 사람의 기분이나 본 것에 의해서 세워질 수 없습니다. 다른 사람들이 하나님의 강력한 능력을 본 것은 그의 심령에 소망을 일으켜주기는 하지만, 믿음을 일으키지는 않습니다. 그런 것들은 믿음에 도움을 주기는 하지만, 그렇다고 해서 믿음을 대신하지는 못합니다.

"그러므로 믿음은 들음에서 나며 들음은 그리스도의 말씀으로 말미암았느니라"(롬 10:17 ).

당신의 믿음을 오직 하나님의 말씀 위에만 기초를 두십시오. 당신이 느끼는 것이나 느끼지 못하는 것에 의해 말하지 마세요. 자신들의 느낌으로 치유의 크기를 측정하는 사람들은 결코 하나님의 말씀이 치유의 근원이라는 식으로는 말하지 않습니다. 결과를 느낄 수 있든지 느낄 수 없든지, 그리고 볼 수 있든지 볼 수 없든지 상관없이 하나님의 말씀을 자신의 치유를 위해 받아들이는 사람은 곧 결과를 보게 될 것입니다. 이것이 바로 하나님께서 주시는 믿음입니다.

진정한 믿음은 단순하게 그분의 말씀을 취합니다. 당신의 심령에 더 많은 하나님의 말씀을 품으면, 그 말씀을 믿는 것과 믿음을 사용하기가 더욱 쉬워집니다.

우리의 믿음을 방해하는 장애물들이 많습니다. 그래서 다음 장에서는 이 주제를 다룰 예정입니다.

다음 장을 신중하게 기도하는 마음으로 읽으세요. 그리고 그 가르침에 따라서 행하세요. 그리하면 실수가 없으신 하나님께서 당신의 참되고 살아 역사하는 믿음, 즉 그분께서 주신 믿음을 당신의 순종과 더불어 상 주실 것입니다. 이런 유의 믿음은 결코 실패가 없는 하나님의 보증을 받을 수 있습니다.

## Chapter 07
# 믿음을 방해하는 장애물을 제거하라

　성경 말씀대로 하나님을 믿는 것이 믿음입니다. 우리는 죄가 사람으로 하여금 치유 받지 못하도록 방해하는 것임을 쉽게 볼 수 있습니다. 왜냐하면, 하나님의 말씀은 죄인에게 치유를 약속하지 않기 때문입니다. 우리는 하나님께서 죄인의 말을 듣지 않으신다는 것을 압니다(요 9:31 참조).

　죄인들에게 대한 하나님의 약속은 그들이 죄를 회개하면 하나님께서 그들을 용서하신다는 것입니다. 또한, 만약 그들이 회개하지 않으면 하나님께서는 그들을 심판하실 것입니다.

　기도에 응답하시고 치유를 주시기로 하신 하나님의 약속들은 믿고 순종하는 자녀들에 대한 것입니다.

**말씀에 대한 불순종이 치유를 방해합니다**

"너희가 내 안에 거하고 내 말이 너희 안에 거하면 무엇이든지 원하는 대로 구하라. 그리하면 이루리라"(요 15:7).

그리스도 안에 거함은 당신의 기도가 응답되는 것을 보증해줍니다.

그리스도 안에 거하지 않음은 믿음을 방해하는 첫째 되는 장애물입니다. 이는 하나님의 보증을 무효화하기 때문입니다.

그리스도 안에 거함은 교회의 교인으로 등록하는 것이나 당신의 이웃에게 친절하게 대하는 것으로 말미암아 이루어지는 것이 아닙니다. 이것은 성가대에서 노래하거나 주일학교에서 가르치거나 설교하거나 기도하는 것으로 이루어지는 것이 아닙니다.

당신이 그리스도 안에 거하기 위해서는 하나님의 말씀 안에 거하고 하나님의 말씀으로 살고 하나님과 사귀는 것을 즐거워해야 합니다.

**정욕의 기도가 치유를 방해합니다**

많은 사람이 잘못 구합니다.

어떤 사람들은 하나님께 기도하여 받습니다. 다른 사람들은 같은 기도를 하지만 아무것도 받지 못합니다. 이것은 사람들을 차별 대우하는 것의 문제가 아니라 믿음의 문제입니다.

"구하여도 받지 못함은 정욕으로 쓰려고 잘못 구하기 때문이라"(약 4:3).

이런 유의 구함은 결코 믿음으로 이루어진 것이 아닙니다. 사람들은 건강을 회복하기를 원합니다. 또한, 그들은 그들의 구함이 효력을 발휘하기를 소망합니다. 하지만 그것은 믿음이 아닙니다. 이는 이런 유의 구함은 믿음에 근거한 약속이 없기 때문입니다. 어떤 사람들은 죄악의 길을 더 잘 가기 위해서 치유를 갈망합니다.

사교계의 한 숙녀가 포커를 더 기품 있게 치기 위해서 불구의 두 손을 치유 받기 원했습니다. 마술사 시몬은 자신이 안수하여 다른 사람들이 성령님을 받게 할 수 있기를 갈망했는데, 이는 그가 은사를 돈 버는 데 사용하려고 했기 때문입니다(행 8장 참조). 하나님께서는 이런 사람들에게 믿음을 주시지 않습니다. 믿음이 그들의 정욕을 위하여 분별없이 쓰이게 되면 위험할 수 있습니다. 그 이유로 치유의 은사는 그리스도 안에 거하는 사람과 그리스도의 말씀이 그 안에 거하는 사람에게 주어지는 것입니다. 이런 사람들만이 이토록 강력한 능력을 사용할 수 있도록 위임될 수 있습니다.

**정죄가 치유를 방해합니다**

그리스도 안에 있는 사람들은 정죄함이 없습니다.

"그러므로 이제 그리스도 예수 안에 있는 자에게는 결코 정죄함이 없나니"(롬 8:1).

"사랑하는 자들아 만일 우리 마음이 우리를 책망할 것이 없으면 하나님 앞에서 담대함을 얻고 무엇이든지 구하는 바를 그에게서 받나니 이는 우리가 그의 계명을 지키고 그 앞에서 기뻐하시는 것을 행함이라"(요일 3:21-22).

이것이 믿음에 대한 하나님의 공식입니다. 당신은 이 필요 조건을 맞추기까지는 믿음을 소유할 수 없습니다. 당신은 하나님께서 당신을 치유하실 수 있다고 설득될 수 있습니다만, 당신은 단지 그분께서 당신을 치유하실 것이라는 점만 소망할 수 있을 뿐입니다. 그러나 하나님께서는 당신이 죄 가운데 살면서 정죄 받는 동안에는 당신에게 치유를 약속하시지 않습니다.

나는 나에게 백만 달러를 눈 깜짝하지 않고서도 줄 수 있는 억만장자를 알고 있습니다. 그는 나의 친구 중의 하나에게 백만 달러를 주었습니다. 나는 그가 내 친구에게 준 수표를 보았습니다. 나는 백만 달러가 당장 필요하므로 그가 나에게 백만 달러를 주기를 열렬히 소망합니다. 그러나 내가 그에게 백만 달러를 요구하기 전에는 그가 그렇게 할 것이라고 믿을 진정한 이유가 없습니다.

정죄는 믿음을 방해하는 가장 큰 장애물이라는 점에는 의심의 여지가 없습니다. 이제 그리스도인들에게 정죄를 가져오고 그들의 믿음을 방해하는 것들에 대해서 알아보고자 합니다. 무엇이든 불순종적이고 불경건한 것은 믿음을 방해하는 장애물입니다.

### 부부사랑이 없으면 치유를 방해합니다

베드로는 남편들과 아내들의 관계에 대해서 권고했습니다.

"아내들아 이와 같이 자기 남편에게 순종하라. 이는 혹 말씀을 순종하지 않는 자라도 말로 말미암지 않고 그 아내의 행실로 말미암아 구원을 받게 하려 함이니 너희의 두려워하며 정결한 행실을 봄이라... 남편들아 이와 같이 지식을 따라 너희 아내와 동거하고 그를 더 연약한 그릇이요 또 생명의 은혜를 함께 이어받을 자로 알아 귀히 여기라. 이는 너희 기도가 막히지 아니하게 하려 함이라"(벧전 3:1, 2, 7).

### 용서하지 않는 마음이 치유를 방해한다

많은 사람의 믿음이 가정에서의 비성경적인 관계로 인하여 방해 받고 있습니다. 그러나 우리 가정들 밖에 있는 동료들에 대한 비성경적인 태도들도 믿음을 방해하는 커다란 장애물이 될 수 있습니다.

"그러므로 내가 너희에게 말하노니 무엇이든지 기도하고 구하는 것은 받은 줄로 믿으라. 그리하면 너희에게 그대로 되리라. 서서 기도할 때에 아무에게나 혐의가 있거든 용서하라. 그리하여야 하늘에 계신 너희 아버지께서도 너희 허물을 사하여 주시리라 하시니라"(막 11:24-25).

**감사예물을 드리지 않으므로 방해를 받습니다**

"그 십 분의 일은 여호와의 것이니"(레 27:30).

다수의 자칭 크리스천은 하나님께 십일조를 드리기를 거부하므로 지속적인 정죄 아래에 살아갑니다. 그들은 성경이 사역을 위해서 하나님께 십일조를 끊임없이 드리라고 가르친다는 것을 알고 있습니다. 하지만 수다한 교인들이 하나님 말씀의 빛 가운데 행하기를 거부합니다.

내가 인도하는 치유집회에는 소위 "성도들"이라고 하는 사람들이 우르르 몰려와서 안수 받으려고 줄을 섭니다. 하나님께서는 그들을 일컬어 도둑이라고 하십니다(말 3:8 참조).

만약 당신이 하나님의 것을 훔친 적이 있다면, 하나님께 용서를 구하고 십일조를 드리는 사람이 되기 전에는 하나님께서 당신을 치유하실 것이라는 기대를 하지 마세요.

율법이 십일조를 요구한다는 것은 사실이지만, 십일조는 율법이 오기 전부터 있었습니다. 그리고 하나님의 약속들은 지금도 진리입니다.

"만군의 여호와가 이르노라. 너희의 온전한 십일조를 창고에 들여 나의 집에 양식이 있게 하고 그것으로 나를 시험하여 내가 하늘 문을 열고 너희에게 복을 쌓을 곳이 없도록 붓지 아니하나 보라"(말 3:10).

### 죄를 고백하지 않으면 치유를 방해를 합니다

또 하나의 믿음과 치유를 방해하는 장애물은 야고보서 5장 16절에 발견됩니다.

"그러므로 너희 죄를 서로 고백하며 병이 낫기를 위하여 서로 기도하라. 의인의 간구는 역사하는 힘이 큼이니라."

많은 사람이 다른 사람들의 잘못을 보는 데에는 빠르지만, 자신들의 잘못을 보는 눈은 먼 듯합니다. 남의 잘못을 판단하는 마음을 가진 사람들은 하나님께서 자신들을 치유하실 것이라는 믿음을 기대할 수 없습니다.

어떤 사람들은 온전하기를 원하지만, 자신들의 치유를 위해 잘못을 고백해야 할 필요가 있을 때가 와도 여전히 고백하기를 꺼립니다.

많은 사람이 기도 받고 즉시 치유 받은 동안에 어떤 사람들은 여러 번 기도 받고도 치유되지 않습니다.

야고보서 5장 14절에 의하면, 이런 사람들은 교회의 장로들을 초청하여 도움을 받아야 합니다. 그들은 치유가 더디게 오는 이유를 찾기 위해 자신들의 삶을 성찰하며 기도해야 합니다. 그 후에 하나님의 빛이 그들의 문제를 드러내 줄 때에, 그들은 기도 사역자에게 자신들의 잘못을 고백하여 그 잘못을 극복할 수 있도록 함께 기도해야 합니다. 고통 받는 사람과 장로들의 연합기도가 응답되면, 사탄은 역사를 멈추고 쫓겨나게 됩니다. 그러면 죄와 질병의 멍에가 부러지기 때문에 그들은 이중승리를 얻게 됩니다.

이러한 고백을 듣는 사람들은 오직 하나님 한 분 외에는 병자의 죄에 대해서 말하지 않아야 하는 의미가 따르게 된다는 것을 기억해야 합니다.

죄를 고백하기를 원치 않는 것은 일반적으로 그 죄를 버리기를 원치 않는 것을 가리키거나, 또는 하나님께서 그 사람을 구원하실 능력이 있으시다는 것에 대한 확신이 없는 것을 가리킵니다. 이것은 믿음을 방해하는 가장 큰 장애물 중의 하나입니다.

**경건의 능력없음이 치유를 방해한다**

우리는 마지막 때에 경건의 모양은 있으나 경건의 능력은 부인하는 자들이 있을 것이라는 경고를 받았습니다(딤후 3:5 참조). 물론 이 말씀은 경건을 말하지 않는 사람들에게 적용되는 것은 아닙니다. 이 말씀은 경건을 소리 높여 외치는 교회들과 목회자들을 향한 경고입니다.

그들은 오늘날에 경건이 초자연적인 능력으로 역사한다는 것을 부인하는 자들입니다. 그들은 거듭남을 통한 회심을 전하는 대신, 선한 결단을 하고 교회에 등록하고 세례침례를 받으라고 충고합니다. 이것 중에 사람의 심령을 변화시킬 것은 하나도 없습니다.

어떤 종교인은 자신이 믿던 교리가 무의미하다는 것을 깨달은 후에 신실하게 하나님의 길을 구했습니다. 이에 예수님께서는 그에게 "거듭나야 한다"(요 3:7)라고 말씀하셨습니다.

자신들을 일컬어 "근본주의자들"이라고 하는 사람들은 하나님의 기적의 능력을 믿지만, 그것을 행하지는 않습니다. 그들은 마가복음 16장 16절의 "믿고 세례를 받는 사람은 구원을 얻을 것이요."라는 말씀은 믿지만, 17절과 18절에 기록된 성령님의 능력은 부인합니다.

"믿는 자들에게는 이런 표적이 따르리니 곧 그들이 내 이름으로 귀신을 쫓아내며 새 방언을 말하며 뱀을 집어 올리며 무슨 독을 마실지라도 해를 받지 아니하며 병든 사람에게 손을 얹은즉 나으리라."

그들은 교회에 모여서 찬송하고 설교하고 아름다운 말로 기도합니다. 또한, 어떤 사람들은 사람들에게 세례와 성찬을 베풀기도 합니다. 그들은 경건의 외적 모양을 다 가지고 있으며, 세상과 국가정부로부터 "교회"로 인정받습니다. 그러나 그들은 경건하게 사는 사람들에게 주시기로 약속하신 능력은 부인합니다. 하나님께서는 내가 이 주제를 위해 인용했던 구절의 첫 부분을 통해 우리가 이런 사람들과 섞여 있다면 어떻게 해야 하는지를 말씀하십니다.

### "이같은 자들에게서 네가 돌아서라"(딤후 3:5)

많은 사람이 치유를 받지 못하는 이유는 그들이 이 경고를 주의하지 않았기 때문입니다. 믿음의 불꽃은 그들의 심령 속에서 타오르기 시작했습니다. 그러나 그들은 고귀한 믿음을 가진 사람들, 즉 그들에게 더 큰 믿음을 심어줄 사람들과 어울리지 않습니다. 대신 그들은 하나님의 기적을 행하시는 능력을 믿지 않을 뿐만 아니라 공공연히 이런 능력은 없는 것이라고 부인하는 사람들과 어울리기를 기뻐합니다.

당신의 믿음은 얼음물이 담긴 욕조 속의 숯불과 같은 환경에서 살아남는 것과 같습니다. 하나님께서는 당신으로 하여금 이런 환경에서 지내도록 하시기 위해서 부르신 것이 아닙니다.

당신이 하나님의 말씀에서 발견한 것을 그들에게 말해주는 것은 잘하는 일입니다. 만약 그들도 믿는다면, 당신은 그리스도의 친구를 얻게 되는 것입니다. 그러나 만약 그들이 믿지 않는다면, 성경은 그들에게서 돌아서라고 명백하게 말씀합니다.

그들은 진리로부터 그들의 귀를 돌린 사람들입니다. 만약 당신이 그들과 지속적으로 어울린다면, 그들은 당신도 진리로부터 돌아서게 할 것입니다.

성경을 공부하고 믿으세요. 하나님의 말씀 위에 당신의 믿음을 세우세요. 그리고 이와 동일한 믿음을 행하는 교회에 나가세요. 많은 사람이 하나님의 말씀으로부터 오는 이 중요한 가르침에 귀 기울이지 않기 때문에 치유를 위한 믿음을 얻는 데 방해를 받습니다.

하나님께서는 믿음으로 구하고 의심하지 않는 사람들을 치유하시기로 보증하셨습니다. 사탄이 하나님께서 당신에게 약속하신 치유를 받지 못하게 방해할 수 있는 유일한 방법은 당신이 믿음으로 구하지 못하도록 만드는 것입니다. 사탄은 당신의 인생 속에 있는 장애물들을 계속 머물게 하라고 속임수를 써서 당신을 치유의 믿음으로부터 떨어지게 합니다.

지금 당신의 심령과 삶을 점검해보세요. 장애물들을 끄집어내세요. 그리하면 당신은 정죄 없이 하나님께로 나아올 수 있습니다.

"만일 우리 마음이 우리를 책망할 것이 없으면 하나님 앞에서 담대함을 얻고 무엇이든지 구하는 바를 그에게서 받나니 이는 우리가 그의 계명을 지키고 그 앞에서 기뻐하시는 것을 행함이라"(요일 3:21-22).

성경을 잘못 해석함이 믿음을 방해합니다

"그 중에 알기 어려운 것이 있으니 무식한 자들과 굳세지 못한 자들이 다른 성경과 같이 그것도 억지로 풀다가 스스로 멸망에 이르느니라"(벧후 3:16).

믿음을 방해하는 가장 유력한 장애물 중의 하나는 하나님 말씀의 가르침들에 대해서 잘못 이해하는 것입니다. 이에 대해서는 다음 장에서 논의될 것입니다. 이것들은 하나님의 능력을 받은 적이 없는 사람들에 의한 그릇된 가르침으로 말미암습니다.

그들은 성경의 가르침을 끌어다가 자신들의 생각에 억지로 맞추는 사람들입니다. 비록 그들이 이 세상의 것들에 대해서 매우 해박한 지식을 가졌을지라도, 하나님께서 보시기에는 배우지 못하여 무식한 사람들이고, 변질되기 쉬운 사람들이고, 성경을 왜곡하여 멸망의 길로 행하는 사람들일 뿐입니다.

# CHAPTER 08

# 치유에 대한 오해들

신실하고 전심으로 하나님을 위해서 살아가는 거듭난 그리스도인들 중의 다수는 치유 받기 위해 기도했음에도 여전히 고통 중에 있습니다. 이것은 성경의 가르침에 대한 오해 때문입니다. 아마도 그들은 하나님께서 믿음으로 구하는 모든 사람에게 치유를 약속하셨다는 것을 이해하지 못하는 듯합니다. 그들은 치유를 위한 하나님의 위대한 보증의 범위에 대해서 깨닫지 못합니다. 그리고 그들은 오해로 인해 흔들리는 믿음으로 구하게 된 것입니다.

### 흔들림 없는 견고한 믿음

하나님께서는 "오직 믿음으로 구하고 조금도 의심하지 말라. 의심하는 자는 마치 바람에 밀려 요동하는 바다 물결 같으니 이런 사람은 무엇이든지 주께 얻기를 생각하지 말라"(약 1:6,7) 하고 말씀하십니다. 이런 사람들은 기도할 때에 믿을 뿐만 아니라 그 믿음이 흔들리지도 않을 것으로 생각합니다. 하지만 그들이 시험을 당하게 되면, 그들은 자신들의 믿음이 흔들리는 것을 발견하게 됩니다. 그들은 "저는 정말로 이 시간에 치유될 것으로 생각했습니다. 하지만 저에게는 치유 받을 충분한 믿음이 없는 것 같아요."라고 말합니다.

이 사람들은 믿음을 가지고 있음이 확실합니다. 하지만 그들의 믿음은 대개 교리로써 가르쳐진 것들입니다. 그들의 믿음은 하나님의 말씀을 오해하므로 흔들립니다. 그들이 믿는 교리는 성경에 의해 검증되지 못하는 것들입니다. 이것들은 사람이 만든 유전으로써 하나님의 말씀이 아니며, 이것들을 좇는 사람은 아무런 효과를 얻지 못합니다(막 7:13 참조). 이에 대해서 예수님께서는 "사람의 계명으로 교훈을 삼아 가르치니 나를 헛되이 경배하는도다."(마 15:9, 막 7:7)라고 말씀하십니다.

하나님께서는 자기 백성에게 치유를 보증하셨습니다. 그러나 자칭 하나님을 섬긴다고 말하는 목회자들은 다른 사람들에게 하나님께서 말씀하신 것은 원래 그런 뜻이 아니라고 가르쳤습니다!

### 하나님의 영광을 위하여 고난 당하고 있다고요?

또 하나의 두드러진 오해는, 어떤 사람들은 자신들이 하나님의 영광을 위하여 고난을 받고 있으므로 치유 받을 수 없다는 것입니다. 이 가르침은 그리스도의 사역 속에서 일어났던 두 사건에서 기인합니다.

예수님께서 나사로가 아프다는 소식을 들으셨을 때, 그분께서는 "이 병은 죽을 병이 아니라 하나님의 영광을 위함이요 하나님의 아들이 이로 말미암아 영광을 받게 하려 함이라."(요 11:4) 하고 말씀하셨습니다.

결국, 예수님께서 베다니에 오셔서 나사로의 자매들을 만나셨을 때, 그분께서는 사실 그들로부터 찬양을 받으신 것이 아닙니다. 그들은 하나님은 물론이거니와 하나님의 아들이신 예수님께 영광을 돌리지 않았습니다. 하지만 나사로가 무덤에서 나오자 하나님의 아들께서 영광을 받으셨습니다(44절 참조).

또 하나의 사례는 예수님의 제자 중 몇 명이 태어날 때부터 맹인이었던 사람에 대해서 예수님에게 질문한 것에서 보입니다. 그들은 그 맹인이 죄 때문에 맹인이 된 것인지, 아니면 그의 부모의 죄 때문에 그가 맹인으로 태어난 것인지에 대해서 여쭈었습니다. (이것은 그 당시에 죄와 질병의 관계에 대한 잘못된 해석의 한 예입니다.)

이에 예수님께서는 "이 사람이나 그 부모의 죄로 인한 것이 아니라 그에게서 하나님이 하시는 일을 나타내고자 하심이라."(요 9:3) 하고 대답하셨습니다.

이 말씀은 그 맹인이나 그의 부모가 죄를 전혀 범하지 않았다는 것을 암시하는 것은 아닙니다. 이에 대해서 우리는 성경이 "모든 사람이 죄를 범하였으매 하나님의 영광에 이르지 못하더니"(롬 3:23)라고 말씀하는 것을 들었습니다. 또한, 실명은 예사롭지 않은 죄에 대한 노골적인 형벌도 아닙니다.

그러나 만약 이 사람이 하나님의 영광을 위해서 맹인이 되었다면, 예수님께서는 그날 그 사람의 눈을 치유하시므로 하나님의 영광을 거스르는 일을 하신 것이 됩니다. 이 사람의 실명 자체는 하나님의 영광을 위함이 아닙니다. 하지만 그의 실명은 그에게 하나님의 역사를 일어나게 하기 위한 기회였습니다. 선천적으로 맹인이었던 이 사람이 갑자기 보게 되는 것을 사람들이 목격했을 때에 하나님께서는 영광을 받으셨습니다.

만약 당신이 하나님의 영광을 위해서 고난을 받고 있는 중이라면, 지금 이 시각에 하나님으로부터 치유를 받으므로 그분에게 영광을 돌리십시오. 하나님을 신뢰하는 모든 사람을 구원하시는 하나님의 강력한 능력을 당신 주변에 있는 모든 사람에게 증거하십시오!

예수님께서는 공생애 기간에 단 한 사람에게도 하나님의 영광을 위해서 고통당하라고 명하신 적이 없습니다. 오히려 예수님께서는 많은 사람에게 온전케 되고 치유될 것을 말씀으로 명하셨습니다. 치유 받기 위해 예수님을 찾아온 병자 중에는 단 한 명도 예수님으로부터 "네가 아픈 상태로 있는 것이 하나님의 영광을 위함이니라." 하는 말씀을 듣지 않았습니다.

**"예수 그리스도는 어제나 오늘이나 영원토록 동일하시니라"**(히 13:8).

그러하기에 예수님께서 이 땅에 사시는 동안 각색 질병으로 고통당하던 사람들을 다 치유하셔서 아버지께 영광을 돌리셨지만(마 4:23 참조), 사람들이 고통을 참는 것이 하나님께서 그들을 사랑하시는 증거라는 것은 상상할 수 없는 일입니다. 죄인들은 이러한 사랑을 증거하는데 관심이 없다는 것은 이상한 일이 아닙니다.

성경 어디에도 질병이 하나님의 영광의 증거라고 선포하는 구절은 없습니다. 오히려 질병은 죄에 대한 형벌이라고 기록되어 있습니다(신 28:22-28,61 참조). 순종하는 사람들이 받는 상은 건강과 치유입니다(출 15:26 참조).

"하나님의 영광을 위하여 질병으로 고난 당함"이라는 이론에는 명백한 모순이 있습니다. 이 이론을 믿는 사람들은 치유 받기 위해 하나님께 나아오지 않는 동안에 고통을 줄이고 건강을 회복하기 위해 온 힘을 다하는 것으로 인해 양심의 가책을 느끼지 않습니다. 만약 질병이 그들을 위한 하나님의 뜻이라면, 그들이 질병으로부터 도망치려 해야 할까요?

그러나 어떤 사람들은 자신들이 하나님의 영광을 위해서 질병으로 고난을 당하고 있다고 말합니다. 하지만 그들은 오직 자신들이 그 고난을 떠날 수 없는 동안에만 고난을 당할 것이라는 점은 분명합니다. 이것은 모순이 아닐까요?

### 질병은 하나님의 뜻이 아니다

질병은 마귀의 역사입니다. 하나님의 뜻은 그의 백성이 형

통하고 건강하게 사는 것입니다(요삼 2 참조). 그러므로 우리는 하나님께로 나아가서 그분의 뜻대로 구하고 확신하고 의심하지 맙시다.

"그를 향하여 우리가 가진 바 담대함이 이것이니 그의 뜻대로 무엇을 구하면 들으심이라. 우리가 무엇이든지 구하는 바를 들으시는 줄을 안즉 우리가 그에게 구한 그것을 얻은 줄을 또한 아느니라"(요일 5:14, 15).

사람들이 아픈 것은 하나님의 뜻이기 때문이라고 주장하는 사람들은 성경에서 몇몇 사례를 인용하여 자신들의 의견을 보강합니다. 그들은 그 사례들이 하나님께서 가장 좋은 종 중에서 몇몇을 선택하여 질고를 당하도록 하신다는 것에 대한 증거라고 느낍니다.

**온전하게 되기 위해 힘쓰라**

첫째로, 욥의 종기에 대해서 숙고해봅시다. 하나님의 증거에 의하면, 욥은 온전하고 정의로운 사람이었으며, 하나님을 두려워했고 악을 떠난 사람이었습니다(욥 1:8 참조). 욥은 신적이거나 초인적으로 온전했던 사람이 아니었습니다. 그리스도인이라면 누구든지 욥처럼 온전하게 될 수 있으며, 또한 그렇게 되어야 합니다. 왜냐하면, 최소한 우리는 욥보다 많은 기회와 특권과 능력을 가지고 있기 때문입니다. 예수님께서는 하늘에 계신 우리의 아버지께서 온전하신 것같이 우리도 온전하게 되라고 명하셨습니다(마 5:48 참조). 성경은 하나님의 사람을 온전케 하기 위해 주어졌습니다(딤후 3:17 참조). (욥은 성경을 읽을 수 있는 특권을 가져본 적이 없습니다. 왜냐하면, 그는 성경이 쓰이기 전에 살았던 인물이기 때문입니다.)

온전하게 되지 않은 그리스도인은 하나님의 뜻 안에 거하지 않고 치유를 구할 수 있는 위치에 있지 않습니다. 비록 우리가 "내가 이미 얻었다 함도 아니요 온전히 이루었다 함도 아니라 오직 내가 그리스도 예수께 잡힌 바 된 그것을 잡으려고 달려가노라."(빌 3:12) 하고 말씀한 바울처럼 말할 필요는 없지만, 우리 앞에 놓인 결승점을 향하여 부지런히 나아갑시다.

당신을 온전케 하지 않은 어떤 것이라도 허용하지 마세요. 온전함은 당신의 목표입니다.

하나님께서는 욥을 온전한 사람이라고 칭하셨습니다. 이는 그가 하나님을 두려워했고 악을 떠난 사람이었기 때문입니다. 그러나 욥기를 신중하게 읽어본 사람은 욥에게 임했던 고통에 충분한 이유가 있다는 것을 알게 될 것입니다.

하나님께서 사랑하시는 신실한 백성을 사탄의 고통에 넘겨주실 때에는 사탄에게 뭔가 증명하시기 위한 목적이 있습니다. 욥의 신실함은 증명되었고, 사탄이 자랑한 것은 공허했다는 것도 증명되었습니다. 그러나 욥의 시련에는 훨씬 큰 교훈이 있습니다. 욥기는 온전한 사람도 더 온전하게 될 수 있다는 것을 가리킵니다.

**두려움은 믿음이 아니다**

당신은 욥이 하나님을 경외(fear)한 것에 외에 다른 것을 두려워했다(fear)는 것을 알아야 합니다(욥 1:8 참조). 욥은 가족과 재산을 잃고, 몸에 질병이 들고, 그의 아내에게 배신을 당하고, 친구들로부터 오해를 받으면서 비방을 받은 후에 "내가 두려워하는 그것이 내게 임하고 내가 무서워하는 그것이 내 몸에 미쳤구나!"(욥 3:25)라고 말했습니다.

믿음은 죄와 질병에서 우리를 보호합니다. 믿음은 원수들이 우리에게 손을 대려고 할 때에 우리를 방어해줍니다. 사탄은 도저히 뚫을 수 없는 보호막이 욥의 주변에 있었음을 보았습니다. 그러나 믿음의 반대의 것인 두려움은 사탄으로 하여금 욥의 보호막을 뚫고 들어가도록 구멍을 내주었습니다. 욥은 행위에 있어서는 책망할 것이 없는 사람이었습니다. 왜냐하면, 그가 살던 시대에는 오늘날처럼 성경이 없었기 때문입니다. 하나님에 대한 그의 지식은 오로지 구전으로 받은 것과 하나님으로부터 개인적으로 받은 것이었습니다. (일반적으로 알려진 바, 욥은 성경의 첫 저자입니다.) 믿음은 들음에서 나고 들음은 하나님의 말씀으로 말미암기 때문에 욥이 사탄의 공격으로부터 자신을 지킬 충분한 믿음이 없었다는 것은 이상한 일이 아닙니다.

그러나 하나님의 영광스러운 약속들을 매우 쉽게 얻을 수 있기에, 우리는 그 약속들을 믿음으로 붙잡고 하나님의 자녀들에게 허락하신 영광스러운 자유 속으로 걸어 들어가야 합니다. 우리는 하나님의 자녀들로서 욥의 잿더미로 파고들어서 질병의 묶임과 사탄의 압박을 받을 필요가 없습니다.

하나님께서 욥을 괴롭히신 것이 아닙니다. 사탄이 욥을 쳐서 종기가 나게 했습니다(욥 2:7 참조). 하지만 사탄은 이것마저 하나님의 허락하심 없이는 할 수 없었습니다.

**지금이 점검할 시간이다**

욥은 이토록 절망적인 상황 속에서 하나님께 대한 자기의 태도를 점검했습니다. 그는 자기 영혼의 고통을 통하여 하나님과의 새로운 관계를 발견했습니다. 그가 하나님을 경외했고, 의를 행하고 악을 떠났다는 것은 사실입니다. 그러나 이제 그의 아내가 그에게 하나님을 저주하고 죽으라고 충동하고(욥 2:9 참조), 그의 친구들이 그에게 있던 모든 유의 죄를 거론하면서 비방하자, 욥은 급변하는 세상에서 견고히 믿고 의지할 것은 오직 하나님임을 발견했습니다. 그는 이러한 고뇌 속에서 "그가 나를 죽이시리니 내가 희망이 없노라. 그러나 그의 앞에서 내 행위를 아뢰리라."(욥 13:15) 하고 부르짖었습니다.

하나님께서는 욥의 이러한 믿음을 무시하실 수 없었습니다. 하나님께서는 즉시 욥을 건지시기 위해 역사하시기 시작했습니다. 그분께서는 욥에게 영광스럽고 아름다운 불꽃 가운데에서 자기를 계시하셨는데, 그것은 한 개인에게 하나님 자신을 계시하는 방법으로써는 매우 드문 방법이었습니다.

욥은 이 계시를 통해서 자기 의와 하나님의 의를 비교할 절

호의 기회를 갖게 되었고, 자기 의는 너무도 부족하다는 것을 발견했습니다. 그는 자기 의가 아니라 믿음에 근거한 겸손과 회개로 하나님께 나아갔습니다(욥 42:6 참조). 심지어 그는 자기를 비방한 사람들의 구제를 위해서 기도하기를 원했습니다. 욥이 그의 친구들을 위해 기도했을 때에 주님께서는 욥을 전화위복하게 하셨습니다(욥 42:10).

그러나 욥의 전체 이야기 중에서 가장 아름다운 것은 욥기의 결론 부분에서 발견됩니다. 욥이 자기 의와 믿음의 부족을 회개하고, 자기의 친구들을 위해 기도하므로 겸손과 용서를 증명한 후에, 하나님께서는 그를 사탄으로부터 건지셨습니다. 욥은 이전의 영광을 회복했는데, 처음보다 훨씬 많은 복을 받았습니다. 그는 140년을 더 살았으며, 그가 사는 날 동안에 다시 종기로 인해 괴로워했다는 다른 기록은 없습니다!

만약 당신이 욥의 전철을 그대로 답습하여 재 위에 앉아서 운명을 슬퍼하며 하나님께 책임을 전가했었다면, 당신은 욥으로부터 또 다른 면을 배워야 합니다.

욥처럼 하나님을 신뢰하세요. 심지어 당신의 질병이 당신을 죽음으로 이끄는 것처럼 보일지라도 하나님을 신뢰해야 합니다. 성경을 공부하세요. 기도하는 마음으로 성경을 읽으세요. 마치 당신이 사람들의 전통적 해석을 전혀 들어본 적이 없는 것처럼 성경을 읽으세요. 당신 질병의 원인이 무엇인지를 발견하기 위해서 하나님을 바라보세요. 질병의 원인을 발견했으면, 그것을 버리세요. 그리하면 욥이 그랬던 것처럼, 당신은 당신을 묶고 있는 것으로부터 자유롭게 될 것입니다. 왜냐하면, 하나님께서는 오늘도 여전히 동일하시기 때문입니다!

치유복음을 대적하는 원수들은 하나님의 참 자녀들이 치유 받지 못했던 사례들을 사용합니다. 그래서 그들은 하나님의 필요조건들을 맞추는 사람들을 위한 보증은 없다고 말합니다. 하나님께서는 우리가 그분의 치유역사를 불신하기 전에, 성경을 통해 질병에 걸리는 이유를 조심스럽게 보여주셨습니다.

하나님께서는 그리스도께서 강력한 기적을 행하셨을 때와 및 그분과 함께 사역했던 사도들이 표적과 기사를 통하여 말씀을 확실히 증거했을 때에도 질병의 이유가 무엇인지를 보여 주셨습니다(막 16:20 참조).

**바울의 사역**

하나님께서는 바울의 사역 속에서 특별한 기적들을 행하셨습니다. 바울이 만진 사람들이 치유되었고, 그를 만질 수 없는 사람들은 그의 몸에서 손수건이나 앞치마를 가져다가 얹으면 질병에서 고침 받았고 악한 영들에게서 건짐을 받았습니다(행 19:11,12 참조).

우리는 바울과 함께했던 군사요, 동료였던 에바브로디도가 바울과 함께 있었을 때에 죽을병에 걸렸던 것에 대해 익히 알고 있습니다. 이 이야기는 바울이 직접 전한 것입니다(빌 2:27 참조). 그러나 바울은 여기에서 멈추지 않았습니다. 바울은 같은 구절을 통하여 하나님께서 그에게 긍휼을 베푸셔서 로마에서 빌립보로 가는 긴 여행을 할 수 있었다는 것을 기록했습니다. 당시에 로마에서 빌립보로 가는 여행은 절대 쉽지 않습니다. 이것은 빌립보인들에게 대한 하나님의 사랑과 능력의 크심을 보여줍니다. 바울은 30절에서 에바브로디도가 병들었던 이유를 설명했습니다.

"그가 그리스도의 일을 위하여 죽기에 이르러도 자기 목숨을 돌보지 아니한 것은 나를 섬기는 너희의 일에 부족함을 채우려 함이니라."

치유의 은사는 인간의 몸에 무한한 힘과 에너지를 공급하는 것을 보증하지 않습니다. 인간의 몸은 하나님께서 부여하신 한계를 넘을 때에 질병에 걸리는 결과가 발생할 수 있습니다. 심지어 그 사람이 다른 사람들에게 복음을 증거하고 병든 사람들을 위해서 기도하는 등의 가치 있는 일을 해도 병들 수 있습니다. 하지만 하나님께서는 이런 경우에도 긍휼을 베푸십니다. 절대 안정과 건강 회복이 필요한 시기에도 신경쇠약이나 과도한 노동에 의한 질병에 걸렸을지라도 영구적으로 고통받을 필요는 없는 것입니다.

우리는 바울도 주치의를 두었는데, 누가는 바울의 선교여행 시에 바울의 건강을 돌보았다는 것에 대해 들은 적이 있습니다. 누가가 의사로서 훈련받았다는 것은 사실입니다(골 4:14 참조). 그러나 예수님께서 세리 마태를 개인 으로서 선택하셨던 것처럼, 누가는 의술로 인하여 바울과 동행하도록 선택되었다는 주장에는 많은 이유가 있습니다.    성경에는 누가가 의사로서 바울 또는 다른 병든 사람들을 치료했다는 기록은 하나도 없습니다. 그가 의사였다는 것은 오직 한 번 밖에 언급되지 않았습니다. 누가는 누가복음과 사도행전의 기자로서 수다한 기적적인 치유 사건들을 기록했습니다. 그가 기록한 모든 치유는 100% 기적으로 발생한 사건들이었습니다. 누가는 한 번도 하나님의 기적 행함의 능력의 보조로써 의술을 적용했다는 것에 대해 기록한 적이 없습니다. 누가는 의사로서 예수 그리스도와 그 성령충만했던 제자들이 의사가 고칠 수 없었던 질병들을 치유하는 광경을 보면서 매우 깊은 인상을 받았음이 분명합니다. 실제로 누가는 12년 동안 혈루증에 걸려 있던 여자, 즉 의사들에 의해 모든 가산을 탕진했지만, 여전히 고침 받지 못했다가 예수님의 옷자락을 만지므로 즉시 피가 멈추게 된 여자의 이야기를 기록했습니다(눅 8:43,44).

### 가장 위대하신 의사 예수님

신실한 의사들이 많은 사람을 질병의 고통으로부터 놓임 받도록 했다는 것은 사실입니다. 오늘날의 세상에는 하나님의 치유능력에 대해서 배운 적이 없는 사람들이 의사들을 바쁘게 만들고, 의사들이 세상에 존재하는 것에 대하여 전적으로 정당화하는 사람들로 가득합니다. 그러나 가장 위대하신 의사를 아는 사람들은 일반 의사들의 진료실 앞에 몰려들기보다는 주님의 발 앞에서 기다려야 합니다. 예수님의 발 앞에서 고통을 벗을 수 있습니다. 약이나 수술 없이 온전하게 되고 자유롭게 될 수 있습니다. 우리의 몸은 그분의 영광을 위해서 건강하고 튼튼해지게 됩니다. 예수님께서는 자기를 따르는 모든 사람이 주님의 병 고치는 능력과 신실함에 대하여 드리는 모든 찬양을 받기에 합당하십니다.

많은 사람이 이 시대의 유명한 의사 중에 몇몇에게 치료받으려고 기다리면서 고통을 받습니다. 만약 그들이 의사들의 요구를 따르듯이 하나님의 지시를 부지런히 따르면서 하나님을 앙망한다면, 그들은 모두 치유 받을 것입니다.

지금 이 시각에 당신이 하나님의 말씀에 따라 사는지를 점검해보세요. 그분께서 당신에게 무엇을 하라고 말씀하시는지 알아보고, 그대로 행하세요. 이 치료법은 시험단계에 머물러 있지 않습니다. 이것은 이미 테스트를 거쳐서 검증되었으며, 지시에 따라 사용되기만 하면 100% 효과가 보증되었습니다.

**육체의 가시**

많은 사람이 하나님께서 특정인들을 치유하시기를 거부하신다는 것을 증명하기 위해서 고린도후서 12장 7-10절을 인용합니다.

"여러 계시를 받은 것이 지극히 크므로 너무 자만하지 않게 하시려고 내 육체에 가시 곧 사탄의 사자를 주셨으니 이는 나를 쳐서 너무 자만하지 않게 하려 하심이라. 이것이 내게서 떠나가게 하기 위하여 내가 세 번 주께 간구하였더니 나에게 이르시기를 내 은혜가 네게 족하도다. 이는 내 능력이 약한 데서 온전하여 짐이라 하신지라. 그러므로 도리어 크게 기뻐함으로 나의 여러 연약한 것들에 대하여 자랑하리니 이는 그리스도의 능력이 내게 머물게 하려 함이라. 그러므로 내가 그리스도를 위하여 약한 것들과 능욕과 궁핍과 박해와 곤고를 기뻐하노니 이는 내가 약한 그 때에 강함이라."

바울의 가시가 무엇이었든지, 하나님의 은혜는 그에게 충분했습니다. 그가 고린도후서 11장에 기록한 사역들과 고난들의 리스트는 은혜를 받기 위한 충분한 테스트였음이 확실합니다. 그러나 바울의 가시는 육체의 고통이라고 말하는 사람들은 성경 본문의 뒷받침이 필요합니다. 왜냐하면, 본문에는 질병이라는 단어가 언급되어 있지 않기 때문입니다. 바울의 가시가 육체의 약함이라는 생각을 가장 강하게 주장하는 사람들은 "바울의 육체에 있던 가시는 만성 안질이었다고 추측되었다"(스코필드 주석성경, p. 1239)라는 말 외에는 하지 않습니다.

성경은 치유의 영광스러운 약속들이 이미 주어졌음을 강력히 주장하기 때문에 하나님의 치유 약속들을 깨뜨리기 위해서는 바울이 병들었다고 하는 단순한 추측보다 강력한 것이 주장되어야 합니다.

"육체의 가시"라는 말은 매우 자주 질병과 연관되었기 때문에, 성경을 읽는 사람들의 머리에는 늘 이것이 들어옵니다. 하지만 우리는 바울이 육체의 가시라는 말을 사용한 것이 질병을 가리킨 것인지를 알기 위해서 다른 성경 구절들을 연구해 보아야 합니다.

민수기 33장 55절에서 이스라엘은 "너희가 만일 그 땅의 원주민을 너희 앞에서 몰아내지 아니하면 너희가 남겨둔 자들이 너희의 눈에 가시와 너희의 옆구리에 찌르는 것이 되어 너희가 거주하는 땅에서 너희를 괴롭게 할 것이요."라는 경고를 받았습니다. 이 경고는 여호수아 23장 13절과 사사기 2장 3절에서도 반복되었습니다. 이와 같이, 가시는 육체에 있는 뭔가가 아니라 사람들에 의한 외부적 골칫거리들을 일컫습니다. 바울은 가시를 일컬어 그를 치는 사탄의 사자라고 했습니다(고후 12:7). "치다"라는 단어는 "손으로 치다, 투쟁하다"라는 뜻입니다.

바울이 영광스럽게 생각했던 약함들에 대한 리스트(고후 11:23-33)에는 질병이나 실명에 대해서는 언급되지 않았습니다. 오히려 이 리스트에는 외부로부터 오는 핍박들이 언급되었습니다. 그는 피곤함과 아픔에 대해서 언급했습니다. 하지만 그가 매 맞고 돌 맞고 굶주리고 추위에 떨었던 것은 그에게 피곤함과 아픔을 주지 않았을까요?

당신은 바울의 고난들과 사역들에 대한 리스트를 읽어보았습니다. 당신은 바울이 하나님의 능력으로 건강을 유지했다는 것을 믿는 것보다 그가 육체의 질병으로 고통 당하는 중에 이 모든 고난을 당하면서 사역했다는 것을 믿는 것이 더 어렵다는 것을 알지 못합니까?

하나님께서는 사람을 외모로 택하시는 분이 아닙니다(골 3:25 참조). 그분의 약속들은 당신을 위한 것입니다! 어느 사람도 당신을 기만하지 못하도록 하십시오. 하나님의 말씀을 대신하려고 만들어진 사람의 전통을 믿지 말고, 하나님의 말씀을 믿으세요.

당신의 믿음이 더는 흔들리지 않고서 밝게 타오르면, 당신은 하나님께서 약속하신 것들을 무엇이든지 구할 수 있으며, 구하는 것은 그대로 이루어질 것입니다!

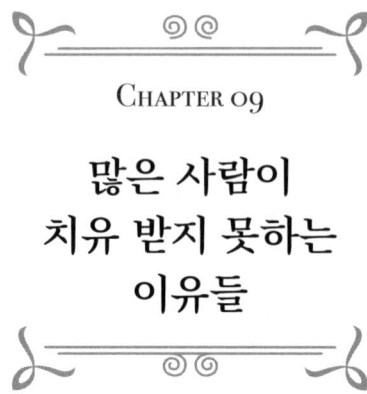

## CHAPTER 09

# 많은 사람이 치유 받지 못하는 이유들

만약 하나님께서 오늘날도 병든 사람들을 치유하신다면, 어찌하여 수많은 선한 크리스천들이 아픈 것일까요? 수천 수만의 병들어 고통 당하는 사람들은 신유를 믿는다고 고백은 합니다. 그들은 신유가 그들을 고통과 슬픔으로부터 건져줄 것이라고 믿습니다. 그러나 그들은 이 질문에 대한 답을 듣기 전에는 자신들의 질병으로부터 건짐 받기 위해 그분에게 의탁하려 하지 않습니다.

신유를 이미 믿고 있는 수천 수만 명의 사람들도 거의 동일한 질문을 합니다. 그들은 "제가 다른 사람들이 치유 받은 것으로 보니 하나님께서는 오늘날에도 병든 사람들을 치유하신다는 것을 압니다. 그런데 왜 저는 치유를 받지 못하는 것일까요? 하나님은 사람을 차별하시는 분이신가요?"라고 말합니다.

이 질문들은 그냥 무시당해서는 안 됩니다. 하나님께서는 그들의 물음에 대해서 무시하시는 일이 없으십니다. 왜냐하면, 그들의 질문에 대한 답은 성경에 있기 때문입니다.

"하나님께서는 외모로 사람을 취하지 아니하심이라"(롬 2:11).

만약 치유에 대한 하나님의 약속들이 누구에게든지 적용될 수 있다면, 또한 그것은 모든 사람에게 적용될 수 있습니다.

"너희 중에 병든 자가 있느냐? 그는 교회의 장로들을 청할 것이요 그들은 주의 이름으로 기름을 바르며 그를 위하여 기도할지니라. 믿음의 기도는 병든 자를 구원하리니 주께서 그를 일으키시리라. 혹시 죄를 범하였을지라도 사하심을 받으리라"(약 5:14, 15).

이미 설명하였듯이, 신유는 그리스도의 원수들을 위해서 예비되거나 준비된 것이 아닙니다. 또한, 신유는 지속적으로 죄 가운데 사는 사람들을 위한 것도 아닙니다. 여기에서 나는 크리스천들이 치유를 받지 못하는 이유를 알아보고자 합니다. 만약 당신이 치유를 갈망하면서도 아직 크리스천이 되지 않았다면, 먼저 영혼이 치유 받아야 합니다. 당신의 죄를 회개하고 하나님을 전심으로 찾으세요. 당신이 죄를 회개하고 주 예수님을 믿고 입으로 시인하면 구원을 받을 것입니다(롬 10:9,10 참조). 단지 그분에 대한 몇 가지를 아는 것이 아니라 그분께서 말씀하신 바를 믿고 신뢰해야 합니다. 당신이 하나님의 영으로 말미암아 거듭나서 하나님의 가족의 일원이 되면, 그분께서 약속하신 유익들을 믿음으로 구할 수 있는 자격이 있습니다.

### 그리스도인과 치유

만약 당신이 그리스도인이면서도 아직 치유를 받지 못했다면, 하나님의 말씀으로 당신의 삶과 태도를 점검해보세요. 하나님께서는 당신의 질병을 놓고서 차별하시지 않았습니다. 그것은 하나님의 신성에 어긋나기 때문입니다.

만약 당신이 여전히 아프다면, 거기에는 무슨 이유가 있습니다. 당신이 하나님의 얼굴을 부지런히 구하면, 하나님의 말씀은 당신의 문제를 계시해 줄 것입니다. 당신이 문제를 발견하게 되면, 그것을 고치세요. 그러면 하나님의 치유 손길은 당신의 것이 될 것입니다. 이것은 하나님의 보증입니다. 하나님께서는 거짓말을 하실 수 없는 분입니다.

당신이 치유 받지 못하는 이유 중에 가장 흔한 것은 믿음이 부족하기 때문입니다. 당신은 "저에게는 믿음이 있습니다. 저는 하나님께서 저를 능히 치유하실 수 있다는 것을 압니다. 그런데 그분께서는 왜 저를 치유하시지 않는 것이죠?"라고 말할 수 있습니다.

당신은 하나님께서 지금 치유하실 것이라고 믿습니까?

당신은 "저는 하나님께서 지금 치유하시기를 소망합니다. 저는 하나님께서 오늘날에도 치유하신다는 것을 압니다. 저는 유명한 치유사역자의 집회에 참석해서 수백 명이 치유 받은 것을 보았습니다. 하지만 그 사역자가 저에게 안수했을 때에 저는 치유 받지 못했습니다."라고 말합니다.

당신이 가지고 있는 것은 믿음이 아닙니다. 그것은 소원일 뿐입니다. 당신은 치유 받기를 소원했습니다. 당신은 하나님께서 치유하실 수 있다는 것과 치유하신다는 것을 알고 있을 뿐입니다. 당신은 눈으로 본 것을 믿습니다. 하지만 믿음은 없습니다.

믿음이란, 당신이 보지 않은 것을 믿는 것입니다. 그것은 하나님께서 그렇다고 말씀하시기 때문에 그렇습니다(히 11:1 참조). 만약 당신에게 믿음이 있다면, 이미 치유 받았을 것입니다.

한쪽 귀를 들을 수 없는 소녀가 나를 찾아왔습니다. 그녀는 그 귀를 수년 동안 들을 수 없었습니다. 그녀는 "저는 제가 치유 받지 못한 이유를 모르겠어요. 저는 다른 사람들이 가지고 있는 만큼의 믿음을 가지고 있어요. 저는 믿음을 가지고 있단 말이에요."라고 말했습니다. 나는 만약 그녀가 진정으로 살아 있고 효력 있는 믿음을 가지고 있다면, 그녀가 귀먹은 채로 살아간다는 것은 불가능하다고 설명했습니다. 왜냐하면, 진정한 믿음은 역사하는 힘이 있기 때문입니다.

행함이 없는 믿음은 죽은 믿음입니다(약 2:20). 즉 역사하지 않는 믿음은 죽은 믿음이라는 의미입니다. 하나님께서는 약속하신 것을 시행하시는 분이시기 때문에 진정한 믿음에는 결과가 있게 됩니다. 이에 자신에게 믿음이 부족하다는 것을 깨닫게 되었을 때, 그녀는 자신이 하나님을 의심했던 것을 용서해달라고 기도했고 믿음이 없는 것을 도와달라고 구했습니다. 그러자 즉시 그녀의 귀가 열렸습니다.

이것은 하나님께 나아가는 성경적 접근법입니다. 언젠가 예수님께서는 믿음이 약한 한 남자에게 "믿는 자에게는 능히 하지 못할 일이 없느니라."(막 9:23) 하고 말씀하셨습니다. 그 남자는 눈물을 흘리면서 "내가 믿나이다 나의 믿음 없는 것을 도와 주소서."(24절)라고 대답했습니다. 예수님께서는 곧 그의 믿음 없는 것을 도와주셔서 그의 속에서 믿음이 솟아올랐습니다. 그는 하나님께서 공급하시는 믿음을 받았습니다. 그리고 그가 원했던 것이 가능하게 되었을 뿐만 아니라 현실이 되었습니다. 그 아들이 사탄의 손아귀로부터 건짐을 받은 것입니다.

자신에게 믿음이 없다는 것을 솔직하게 시인하는 것이 역사가 일어나지 않는 믿음을 큰 목소리로 시인하는 것보다 훨씬 좋습니다. 당신이 믿음을 가지고 있다는 식으로 자신을 속이는 것은 어려운 일이고, 하나님을 속이는 것은 불가능한 일입니다.

진정한 믿음은 하나님께서 당신을 치유하실 것이라고 소망하는 것이 아니며, 당신을 치유하실 것을 아는 것도 아닙니다.

진정한 믿음은 역사가 일어나는 것에 대한 즐거운 확신입니다. 왜냐하면, 거짓말을 하실 수 없는 하나님께서 당신을 치유하시기로 약속하셨을 뿐만 아니라 심지어 보증까지 하셨기 때문입니다!

**성령님의 열매**

많은 사람이 치유 받지 못하는 이유는 질병과 고통이 그들에게 최상의 것을 주시기 위한 하나님의 방법이고, 또한 그들의 삶 속에서 성령님의 열매를 많이 맺게 하시기 위한 방법이라는 식으로 가르침 받았기 때문입니다. 그들은 하나님께서 자신들의 고통을 치유하실 때까지 인내하고 기다려야 한다고 믿습니다. 아마도 그들은 하나님께서 그들의 삶 속에서 인내와 오래 참음을 심어주시는 중이라고 믿는듯합니다. 혹은 아마도 그들은 하나님께서 그들이 기억하지 못하는 죄들을 추적하고 계시는 중이라고 믿는듯합니다.

죄가 질병이 육체에 들어오도록 문을 열어준다는 것은 사실입니다. 하지만 하나님께서 우리에게 요구하시는 것은 우리가 죄를 고백하고 그 죄에서 돌아서는 것입니다.

하나님께서는 "너희 중에 아픈 자가 있느냐? 그는 하나님께서 그의 죄를 추궁하기를 마칠 때까지 인내로 기다리게 할지니라." 하고 말씀하시지 않았습니다.

오히려 당신의 죄를 지금 고백하고 병이 낫기를 위하여 서로 기도하세요. 성경은 "믿음의 기도는 병든 자를 구원하리니 주께서 그를 일으키시리라. 혹시 죄를 범하였을지라도 사하심을 받으리라."(약 5:15,16) 하고 약속하십니다.

하나님께서는 그리스도인들이 계속해서 질병으로 고통당하거나 그 질병을 일으킨 죄 속에서 사는 것으로 인해 영광을 받으시지 않습니다.

오래 참음은 성령님의 열매입니다(갈 5:22,23 참조). 그러나 "질병과 고통"은 성령님의 열매가 아닙니다. 오래 참음은 내재하시는 성령님께 자신을 내어드리므로 성장하게 됩니다. 만약 몇몇 사람에게 오래 참음의 열매가 질병으로 인하여 맺혀진 것처럼 보인다면, 그것은 그들이 건강했을 때보다 질병으로 고통당했을 때에 성령님과의 관계에 더 관심을 가졌기 때문입니다. 대다수의 사람은 질병이 인내를 더 만들기는커녕 오히려 소멸시킨다는 것에 동의합니다.

만약 변함이 없으신 하나님께서 질병을 사용하셔서 사람들에게 인내와 오래 참음을 가르치신다면, 분명히 예수님께서도 공생애 기간에 치유를 구했던 몇몇 사람에게 "가라. 인내를 배울 때까지 아픈 상태로 있어라. 그리하면 너는 나를 다시 찾을 것이며, 혹 내가 너를 치유할지 누가 알겠느냐!" 하고 말씀하셨을 것입니다. 하지만 예수님께서는 이런 식으로 대답하신 적이 한 번도 없습니다. 그분께서는 건강한 사람이 아프도록 명하시거나 아픈 사람이 아픈 채로 살아가도록 명하신 적이 한 번도 없습니다.

**죄와 질병은 마귀의 역사다**

분명 하나님께서는 성령님의 열매가 마귀의 역사를 통하여 맺히도록 하시지 않았습니다.

성령님의 열매는 성령님의 역사를 통해서 맺혀집니다!

그리스도께서 이 세상에 나타나신 것은 마귀의 일을 멸하시기 위함입니다.(요일 3:8 참조)

어떤 사람들은 "지금은 하나님께서 저를 치유하시고자 작정하신 때가 아닙니다. 저는 질병을 가지고 있는 동안에도 하나님 앞에서 성실하게 살 것입니다. 하나님의 좋은 때가 오면, 하나님께서 저를 치유하실 것입니다. 저는 하나님의 뜻을 행해야 합니다."라고 말합니다.

이 말은 한 죄인이 "지금은 하나님께서 저를 구원하시고자 작정하신 때가 아닙니다. 저는 죄와 불순종 속에서도 하나님 앞에서 성실하게 살 것입니다. 만약 제가 하나님께서 구원하시고자 작정하신 사람이라면, 하나님의 좋은 때가 오면, 그분께서 저를 구원하실 것이 분명합니다."라고 말하는 것과 일반입니다.

우리는 모든 사람이 구원받는 것이 하나님의 뜻이라는 것을 압니다. 이에 대해서 성경은 "오직 주께서는 너희를 대하여 오래 참으사 아무도 멸망하지 아니하고 다 회개하기에 이르기를 원하시느니라."(벧후 3:9)고 말씀하고 있기 때문입니다. 그러나 예수님께서는 "너희도 만일 회개하지 아니하면 다 이와 같이 망하리라."(눅 13:5)고 말씀하셨습니다.

죄인이 회개하고 믿으면, 그는 그 순간 구원을 받습니다. 그는 하나님께서 그를 구원하실 것인지 알아보기 위해서 기다릴 필요가 없습니다. 왜냐하면, 성경은 "만일 우리가 우리 죄를 자백하면 그는 미쁘시고 의로우사 우리 죄를 사하시며 우리를 모든 불의에서 깨끗하게 하실 것이요."(요일 1:9)라고 말씀하시기 때문입니다.

하나님께서 질병을 치유할 것인지를 알아봐야 한다는 것은 자칭 근본주의 성도들 가운데에서 건전한 교리로 받아들여졌습니다. 하지만 그들은 자신들이 읽고 있는 성경이 "네 영혼이 잘됨 같이 네가 범사에 잘되고 강건하기를 내가 간구하노라."(요삼 1:2) 하고 말씀하는 것은 깨닫지 못합니다.

건강은 영혼이 잘된 사람들을 위한 하나님의 뜻입니다.

### 하나님의 약속들은 조건적이다

구원에는 회개와 믿음이라는 조건이 있습니다. 치유는 믿음과 영적 건강이라는 조건이 충족되어야 합니다. 하나님의 조건들이 충족되면, 하나님은 응답을 보증합니다. "하나님의 약속은 얼마든지 그리스도 안에서 예가 되니 그런즉 그로 말미암아 우리가 아멘 하여 하나님께 영광을 돌리게 되느니라"(고후 1:20). "또 약속하신 이는 미쁘시니"(히 10:23).

많은 사람이 치유를 받지 못하는 것은 그들이 하나님으로부터 받으려 하는 것을 상세하게 구하지 않기 때문입니다. 당신이 구하지 않기 때문에 받지 못하는 것입니다(약 4:2 참조).

성경은 길가에 앉아 있었던 두 명의 맹인에 대해서 말씀합니다. 그들은 예수님께서 자신들이 있던 장소를 지나가신다는 소식을 들었을 때, "다윗의 자손이여, 우리를 불쌍히 여기소서."라고 소리 질렀습니다. 진실로 그들은 자신들의 실명을 고치실 수 있는 분에게 간청했습니다. 그러나 그들의 기도를 분석해보면, 그들은 주님께 상세하게 간청하지 않았습니다.

예수님께서는 그들에게 "너희에게 무엇을 하여 주기를 원하느냐?"라고 물으셨습니다. 그러자 그들은 "주여, 우리의 눈 뜨기를 원하나이다."라고 대답했습니다. 그들의 기도가 정확하게 드려지자, 즉시 그들의 눈이 떠졌습니다(마 20:30-34 참조).

치유 받기 위해서 하나님께 나올 때는 당신이 필요한 것이 무엇인지를 정확하게 구하세요. 예수님께서는 "너희가 내 이름으로 무엇을 구하든지 내가 행하리니"(요 14:13)라고 말씀하셨습니다.

내가 인도했던 치유집회에 한쪽 귀가 먹고 한쪽 눈이 멀고 무릎에 관절염이 있었던 남자가 참석했습니다. 그는 수년 동안 듣지 못했던 귀의 치유를 위해서 기도해달라고 부탁했습니다. 내가 그를 위해서 기도하자 사탄이 붙잡고 있는 것이 풀어지면서 그의 귀가 즉시 열렸습니다.

이 사건은 그의 믿음을 일으켜주었고, 그는 용기를 내서 눈이 열릴 수 있도록 기도해달라고 부탁했습니다. 그의 눈도 치유 받게 되자, 그의 믿음은 더욱 커졌습니다. 그래서 그는 구부

러진 무릎의 치유를 위해서 기도를 요구했고, 즉시 치유 받았습니다. 그는 자신에게 필요했던 것들을 상세히 구했습니다. 그리고 하나님께서는 자기의 말씀이 진리임을 보여주셨고, 예수님의 이름으로 구해진 것을 정확하게 행하셨습니다.

상세한 요구가 드려지지 않는 것은 믿음이 부족하기 때문입니다. 당신의 집에 구걸하기 위해서 찾아온 거지는 "먹을 것 좀 주세요."라고 말할 수 있습니다. 그는 음식을 얻어먹을 수 있는지에 대해 확신이 없습니다. 그리고 만약 그에게 뭔가가 제공되면, 그것이 무엇인지를 알지 못합니다. 그래서 그 거지는 상세하게 요구하지 않는 것입니다. 그러나 우리가 지갑에 돈을 두둑하게 넣고서 식품점에 갈 때에는 "저에게 무엇이든 먹을 것을 주세요."라고 말하지 않습니다. 우리는 "빵과 버터를 주세요."라고 말할 것입니다. 우리는 식품점 주인에게 우리가 원하는 것들을 얼마큼 원하는지에 대해서 상세하게 말할 것입니다. 우리는 식품점 주인에게 요구한 것들을 정확히 받게 될 것이라는 점을 의심하지 않습니다. 이와 같이, 무엇이든 구하는 대로 받을 줄로 믿고 하나님께로 오는 사람은 일반적으로 그가 원하는 것을 상세하게 구할 것입니다.

만약 우리가 치유 받으려고 찾아오는 사람들에게 자신들이 필요한 것들을 정확하게 생각한 후에 어떤 질병을 치유 받고 싶은지를 구하라고 말할 수 있다면, 치유를 방해하는 장애물은 즉시 옮겨지게 될 것입니다.

**만일 아버지의 뜻이거든…**

많은 사람이 "만일 당신의 뜻이거든…"이라는 말을 더하는 것이 그들의 기도에 겸손과 겸양을 더하는 표식이라고 믿습니다. 하지만 이런 기도는 당신이 치유 받을 수 있는 믿음을 갖지 못하도록 하는 원수의 속임수입니다. 당신은 하나님께서 당신을 치유하시는 것이 그분의 뜻인지에 대해서 확신하지 못하는 동안에는 믿음을 구할 수 없습니다. 기도의 응답을 받은 사람 중에서 하나님의 뜻에 반대되도록 하나님을 설득한 사람은 없습니다! 응답된 기도의 비밀은 그분의 뜻대로 하는 것입니다.

이런 식으로 기도하는 사람은 예수님께서 겟세마네에서 드리셨던 기도, 즉 "아버지여 만일 아버지의 뜻이거든 이 잔을 내게서 옮기시옵소서 그러나 내 원대로 마시옵고 아버지의 원대로 되기를 원하나이다."(눅 22:42)라고 하신 기도의 모본을 그대로 따라 합니다. 그러나 예수님께서는 하나님께서 약속하신 것을 받기 위해서 기도하신 것이 아닙니다. 그분께서는 그 상황을 바꾸시기 위해서 기도하신 것이 아닙니다. 비록 하나님의 아들께서 이 기도를 드렸을지라도, 이 기도는 그 상황을 바꾸어주지 않았습니다! 이 기도는 상황을 바꾸기 위해서 드린 것이 결코 아닙니다. 다만 이것은 처절한 고통을 호소하는 영혼의 울부짖음이었을 뿐이었습니다.

반면에 예수님께서 나사로의 무덤 앞에서 하셨던 기도는 승리의 기도로써 겟세마네의 기도와는 다릅니다. "아버지여 내 말을 들으신 것을 감사하나이다. 항상 내 말을 들으시는 줄을 내가 알았나이다… 나사로야 나오라!"(요 11:41-43).

우리가 치유를 위해 기도할 때, 우리는 하나님께서 이미 자기의 뜻이라고 밝히신 것을 받기 위해 기도하는 것입니다. 그런데 왜 우리는 "만일 아버지의 뜻이거든…"이라고 기도해야 하는지요?

하나님의 뜻을 구하고 그분의 뜻대로 구하는 것은 좋습니다. 야고보서 4장 13,15절은 "너희 중에 말하기를 오늘이나 내일이나 우리가 어떤 도시에 가서 거기서 일 년을 머물며 장사하여 이익을 보리라 하는 자들아… 너희가 도리어 말하기를 주의 뜻이면 우리가 살기도 하고 이것이나 저것을 하리라 할 것이거늘"이라고 말씀합니다. 이 경우에 하나님께서는 이렇게 기도하는 사람에게 뭔가를 약속하시거나 자기의 뜻을 계시하시지 않았습니다.

그러나 하나님께서는 그 백성의 치유를 약속하셨고 계시하셨습니다. 그러므로 우리는 "만일 아버지의 뜻이거든…"이라는 식으로 말할 필요가 없습니다. 대신 "아버지, 성경에 저를 치유하실 것이라고 계시하셨고, 제가 구하는 것은 아버지의 뜻대로 구하는 것임에 감사드립니다."라고 말씀드립시다.

"그를 향하여 우리가 가진 바 담대함이 이것이니 그의 뜻대로 무엇을 구하면 들으심이라. 우리가 무엇이든지 구하는 바를 들으시는 줄을 안즉 우리가 그에게 구한 그것을 얻은 줄을 또한 아느니라"(요일 5:14-15).

많은 사람이 "만일"이라는 단어를 사용하여 기도하는 것은 단지 그들이 치유에 대해서 의심하기 때문만은 아닙니다. 이 단어는 불신이나 자백하지 않은 죄에 대한 추궁으로부터 빠져나가기 위한 틈새로 사용되고 있습니다. 만약 치유가 일어나지 않으면, 그들은 항상 "저를 치유하는 것은 하나님의 뜻이 아닙니다. 그분께서는 다른 사람들은 치유하시지만, 제가 죄가 없음에도 불구하고, 인간차별을 하시므로 저를 치유하지 않으십니다."라고 핑계를 댑니다.

이런 말은 사람을 외모로 취하시지 않는다는 하나님에 대한 명예 훼손이며, 하나님을 우습게 보는 행위입니다.

### 하나님께서 역사하시는 방법을 이해하라

많은 사람이 하나님께서 치유를 어떻게 행하시는지를 이해하지 못하기 때문에 계속해서 고통 받고 있습니다. 그들은 하나님께서 어떻게 치유하시는 지에 대한 나름의 생각을 가지고 있습니다. 만약 그들의 생각대로 응답이 주어지지 않으면, 그들은 하나님에 대한 확신을 잃어버리든지, 그들의 기도가 하나님의 귀에 들려지지 않았으므로 응답되지 않은 것이라고 느낍니다.

치유는 오직 믿음에 의해서 오기 때문에, 당신의 믿음이 흔들리지 않게 하려고 하나님의 치유 방법에 대해서 이해하는 것은 중요합니다.

하나님께서 치유를 행하시면 즉시 질병이 사라질 것이라는 점이 대다수의 생각입니다. 그러나 이것은 단지 인간의 이론일 뿐입니다. 왜냐하면, 예수님께서는 항상 이런 식으로 치유하시지 않았기 때문입니다.

예수님께서 공생에 기간에 많은 사람을 즉시 치유하셨고, 또한 오늘날의 많은 사람을 즉시 온전하게 치유하신다고 해서, 늘 같은 방식으로만 치유가 일어나는 것은 아닙니다.

예수님의 사역에는 다양한 방법들이 사용되었습니다.

가버나움에 아들이 있었던 한 왕의 신하는 예수님을 만나서 "주여, 내 아들이 죽기 전에 내려오소서."라고 말씀드렸습니다. 그러자 예수님께서는 "가라. 네 아들이 살아 있다."라고 말씀하셨습니다. 예수님의 말씀대로 그 소년은 치유 받았습니다. 이 아이에 대한 치유는 이미 끝난 것이었습니다. 왕의 신하가 집에 도착하기 전에 그의 종들이 그를 만나서 "아이가 살아 있습니다."라고 말했습니다. 그 아버지가 언제 그 아이가 낫기 시작했는지를 종들에게 물었을 때에, 종들은 "어제 일곱 시에 열기가 떨어졌나이다."라고 말했습니다. 이에 그 아버지는 예수님께서 "네 아들이 살아 있다."라고 말씀하신 그 때인 줄 기억했습니다(요 4:49-5:1 참조).

그 아이가 "낫기 시작했다"라는 말씀을 숙고해보세요(52절). 이 말씀은 그 아이가 진짜로 치유 받기는 했지만, 그것은 그 아이의 예전 건강과 체력을 즉시 회복시키지 않았다는 것입니다. 그 아이의 열은 즉시 떠났지만, 그 아버지가 집으로 가는 동안에 건강을 회복하게 된 것입니다.

오늘날도 마찬가지입니다. 많은 경우에 질병의 원인이 떠나갔을지라도, 키가 정상적으로 성장하기 위해서는 시간이 필요하듯이, 정상적인 건강을 되찾기까지는 시간이 필요합니다. 이 진리를 바르게 이해하지 못하는 데에는 두 가지 위험이 따릅니다.

첫째로 당신은 온전히 치유되지 않은 것에 대해 실망하기 때문에 하나님의 치유 능력에 대한 확신을 잃을 수 있습니다. 확신을 잃으면 사탄이 다시 들어올 수 있도록 문이 열리게 되고, 사탄은 빼앗겼던 것을 다시 얻게 될 것입니다(마 12:43-45 참조).

그리고 당신은 이미 얻은 것도 잃게 됩니다. 이것은 "부분적인 치유"를 받았다고 간증하는 사람들이 치유 받기 이전의 상태로 돌아가거나 그전보다 더 나빠지게 되는 것을 의미하기도 합니다.

두 번째 위험은 하나님께서 당신에게 행하신 부분적인 치유를 전부라고 여기는 것입니다. 이런 일이 벌어지면, 당신은 치유가 완전해질 때까지 믿음으로 마귀를 대적하기를 지속하지 않게 됩니다. 이 경우에 사탄은 하나님께서 당신으로 하여금 소유하도록 계획하신 것을 전부 받지 못하도록 방해합니다. 당신이 순간적으로 치유되든지 아니면 서서히 치유되든지, 하나님의 계획은 당신에게 온전한 치유를 주시는 것입니다.

당신이 즉시 치유되지 않았다고 해서 용기를 잃을 필요는 없습니다. 예수님께서 예루살렘에서 채찍을 맞으시므로 당신의 치유에 대한 값을 이미 지불하신 것에 대해 믿고 하나님을 찬양하기를 멈추지 마세요.

예수님께서는 단지 당신의 질병을 호전시키기 위해서 채찍에 맞으신 것이 아닙니다. 당신의 치유가 완전하게 될 때까지 예수님을 바라보고 믿음으로 찬양하세요.

예수님께서 한 마을에 들어가셨을 때, 10명의 나병환자들이 멀리 서서 "예수 선생님이여 우리를 불쌍히 여기소서."라고 소리 질렀습니다. 그러자 예수님께서는 "가서 제사장들에게 너희 몸을 보이라."(눅 17:13,14) 하고 말씀하셨습니다.

예수님께서는 그들이 그 자리에서 치유되었다고 말씀하시지 않았습니다. 그분께서는 그들에게 제사장들에게로 가서 몸을 보이라고 말씀하셨습니다. 그들은 자신들의 나병이 치유 받기 전에는 제사장들에게 몸을 보일 자격이 없다는 것을 알았습니다. 그러나 그들은 순종과 믿음으로 제사장들을 향하여 가기 시작했습니다. 그들은 비록 자신들의 몸이 치유된 증거가 없는 상황에서도 제사장들에게 가게 되었던 것입니다. 그들은 길에서 깨끗함을 받았습니다(14절).

이것은 즉시 눈에 보이게 일어난 치유가 아니지만, 하나님의 능력에 의해 일어난 진짜 치유입니다. 이 사람들은 하나님의 말씀을 믿었고, 하나님의 말씀은 그들을 실망시키지 않았습니다. 그들은 믿음대로 행했습니다. 그리고 그 결과로써 그들은 얼마 가지 않아서 자신들이 믿었던 것을 목격하게 되었습니다.

### 믿음으로 행하라

만약 당신이 예전에 할 수 없었던 것을 믿음으로 행하면, 하나님께서는 당신을 만나주실 것입니다. 예수님께서는 빈번히 병상에 누워있던 사람들에게 상을 들고 걸어가라고 말씀하셨습니다(요 5:8 참조). 그리고 그들이 예수님의 말씀대로 행했을 때에 치유 받았습니다.

베드로는 성전 미문에서 나면서부터 앉은뱅이였던 사람에게 나사렛 예수 그리스도의 이름으로 일어나 걸으라고 명했습니다. 그리고는 오른손을 내밀어서 앉은뱅이를 잡아 일으켰고, 그는 즉시 발과 발목에 힘을 얻었습니다. 이에 앉은뱅이는 일어나 걸었고, 성전으로 들어가서 걷기도 하고 뛰기도 했습니다(행 3:6-8 참조). 오늘날의 많은 사람이 이와 동일한 방법으로 질병으로부터 치유 받고 있습니다.

무려 4년 동안이나 목발을 의지하여 걸었던 한 젊은 숙녀가 치유기도를 받기 위해 줄을 섰습니다. 그녀가 나에게 다가왔을 때, 그녀의 얼굴은 믿음의 빛으로 빛나고 있었습니다. 내가 그녀에게 말을 걸기도 전에, 그녀는 나에게 목발을 넘겨주었습니다. 그녀는 믿음에 의해 완전히 감동되어서 더는 목발이 필요하지 않을 것이었기 때문이었습니다. 물론 그녀는 목발을 사용하지 않고서 집으로 돌아갔습니다. 하나님께서는 진정으로 살아있는 믿음을 가진 사람에게 상 주시는 것을 절대로 잊지 않습니다.

휠체어를 탄 한 숙녀가 치유기도를 받기 위해 줄을 섰습니다. 나는 그녀를 위해 기도한 후에 그녀에게 일어나 걸으라고 명했습니다. 그녀는 일어서려는 시도를 해보지도 않고서, 나를 쳐다보면서 "제가 일어서지 못하는 것을 아시잖아요."라고 말했습니다. 그래서 그녀는 휠체어에서 일어설 수 없었습니다. 이는 그녀가 믿지 않았기 때문입니다. 하지만 이틀 후, 그녀는 하나님의 약속에 대해 더 많은 가르침을 받고 난 후에 휠체어에서 일어섰습니다. 그녀는 걸었고, 뛰었고, 계단을 타고 강단 위로 올라왔습니다. 이런 유의 치유는 예수님의 치유사역에 흔히 일어났던 것이었으며, 오늘날에도 여전히 효력을 발휘합니다.

### 하나님의 명령들에 순종하라

하나님을 믿는 것은 하나님의 약속들을 믿는 것보다 우선입니다. 또한, 하나님을 믿는 것은 하나님의 명령들을 믿는 것보다 우선입니다. 하나님의 약속들과 명령들은 단순히 믿음에 대한 테스트뿐만이 아니라 순종에 대한 테스트이기도 합니다.

요한복음 9장 1절에서, 예수님께서는 태어날 때부터 맹인이었던 사람을 만나셨습니다. 예수님께서는 진흙을 만드셔서 그 맹인의 눈에 진흙을 발랐습니다. 그리고는 실로암 못에 가서 씻으라고 명령했습니다. 그는 예수님으로부터 명령받은 그대로를 행했습니다. 그는 실로암 못으로 가서 눈을 씻었고, 열린 눈으로 돌아왔습니다.

그 맹인의 두 눈이 열렸습니다! 언제 열렸을까요? 그가 예수님의 명령에 순종하여 그대로 행했을 때였습니다. 이와 같이 우리는 순종하는 길로 행할 때에 치유가 임한다는 것을 배우게 됩니다. 예수님께서는 오늘 당신을 이와 동일한 방법으로 치유하실 수 있습니다. 이러한 치유방법은 성경적이라는 점을 아는 것은 중요합니다.

나는 하나님께서 특정 사람들에게 순종을 요구하시는 경우들을 많이 보았습니다. 그들은 하나님의 음성에 순종하는 즉시 기적적으로 치유 받았습니다. 하나님의 명령을 고집스럽게 거부하는 사람들이 치유 받을 만한 믿음을 갖게 된다는 것은 어불성설입니다.

야고보서 5장 16절에서, 하나님께서는 치유를 구하는 사람들에게 다음의 명령을 하셨습니다.

"그러므로 너희 죄를 서로 고백하며 병이 낫기를 위해서 서로 기도하라."

이 구절에는 강한 암시가 있는데, 그것은 만약 치유 받고자 하는 사람이 자기의 죄를 고백할 마음을 갖지 않으면, 그 비밀스러운 죄는 그의 믿음을 파괴할 것이며 그가 치유 받지 못하도록 방해할 것입니다.

나는 목사와 복음전도자로서 치유 받기 위해 기도 받았던 사람 중의 몇몇이 자기의 죄를 먼저 고백하기 전까지 치유 받지 못하는 것을 자주 목격했습니다.

많은 사람이 다른 사람들에게 잘못을 저질렀지만, 그 죄를 고백하려 하지 않습니다. 이런 거역의 영을 가진 사람들이 질병으로부터 건짐 받을만한 참 믿음을 가질 수 없다는 것은 이상한 일이 아닙니다. 그러나 하나님께서는 어떤 죄든지 고백하기만 하면, 죄와 질병이 공히 제거될 것이라고 약속하십니다.

**몇몇 치유는 서서히 일어난다**

많은 질병은 동일한 방법으로 치유됩니다. 질병의 "뿌리"는 예수님의 이름으로 저주를 받았습니다. 만약 그것이 암, 종양, 갑상선종 또는 뭔가 계속 자라나는 것이라면, 그것은 오줌으로 빠져 나오거나 혈류를 타고 운반되어 나올 것입니다. 실제로 치유 받은 사람이 회복되는 과정에 여전히 불편함을 느낄 수 있다는 것을 이해하기란 어렵지 않습니다. 그 사람은 치유 과정에서 전보다 더 결렬한 통증을 잠시 느끼게 되는데, 이는 죽은 세포들이 떨어져서 빠져 나오기 때문입니다.

이때 많은 사람이 자신들에게 일어나고 있는 일에 대해서 깨닫지 못하게 되고 치유의 확신을 떨쳐버리기도 합니다. 그들은 공개적으로 자신들이 치유 받지 못했을 뿐만 아니라 전보다 더 악화되었다고 떠들어대며 자신들이 죽게 될 것이라고 두려워합니다. 두려움, 믿음을 잃음, 그리고 사탄의 제안을 받아들임은 하나님의 능력으로 쫓겨난 것들을 사탄으로 하여금 다시 가져다 놓도록 문을 열어놓습니다. 그래서 치유의 유익 중의 하나라도 인식되기 전에 치유를 잃어버리게 되는 것입니다.

비록 많은 암 환자들이 서서히 낫기는 하지만, 나는 또한 그들이 기도 받은 즉시 흔적도 없이 암이 사라지는 것을 본 적이 많습니다.

하나님께서는 병든 사람들을 치유하시는 방법을 정해놓으시지 않았습니다. 치유가 필요한 사람들은 하나님의 방법을 받아들여야 합니다. 하나님께서는 보통 그분의 이름이 가장 크게 영광 받으시는 방법으로 질병을 치유하십니다. 하나님께서 주시는 대로 받으세요. 만약 치유가 즉시 일어나면 하나님을 크게 찬양하면서 즐거운 마음으로 돌아가세요. 만약 치유가 서서히 진행된다면, 당신이 즉시 치유된 것과 동일하게 하나님께 감사드리세요. 그리고 당신의 건강이 완전하게 회복될 때를 즐거운 마음으로 기다리세요. 만약 하나님께서 무화과나무를 저주하시므로 뿌리부터 마르게 하시듯이 당신의 질병의 뿌리를 저주하셨다면, 당신의 믿음이 흔들리지 않도록 하세요. 당신의 믿음이 당신의 몸을 온전케 한다고 하는 지식을 붙잡으세요.

그러나 만약 하나님께서 당신을 치유하시기 위해서 "어디로 가라, 무엇을 하라, 이러이러하다고 말하라" 하고 명령하시더라도, 그때만이 당신의 질병이 치유되는 시간이라고 생각하지 마세요.

아마도 당신은 치유 받기 위해서 한 번 또는 그 이상 기도했지만, 하나님께서 당신을 치유하실 것이라는 믿음을 갖지 못했을 수도 있습니다. 당신은 아마도 그것이 같은 질병을 위해 다시 기도 받으러 와야 하는 불신을 의미하는 것으로 생각할 수도 있습니다. 마가복음 8장 23-25절을 숙고해보세요. 예수님께서는 이 구절들에서 한 맹인의 손을 잡고서 마을 밖으로 인도하셨습니다. 그분께서 맹인의 눈에 침을 뱉으시고 눈에 안수하신 후에 무엇을 보느냐고 물으셨습니다. 그러자 그는 나무같이 걸어 다니는 사람들이 보인다고 말씀드렸습니다. 그의 시력이 완전히 회복된 것은 예수님께서 두 번째 그에게 안수하셨을 때였습니다. 그러자 그 맹인은 모든 사람을 선명하게 보았습니다.

당신이 기도했음에도 불구하고 아직 치유 받이지 못했더라도 용기를 잃지 마세요. 다시 시작하세요. 신약성경이 새 책인 것처럼 읽기 시작하세요. 마치 당신이 신유에 대해서 아무것도 모른다는 가정하에 신약을 읽고 연구하세요. 당신이 어디에선가 중요한 지점을 비켜갔습니다. 그러하기에 당신은 다시 돌아가서 처음부터 시작해야 합니다. 하나님의 가르침을 세세하게 따르세요. 그리하면 천국이 응답을 보증할 것입니다.

### 사망은 아직 멸망 받지 않았다

성경은 우리의 영혼이 잘됨 같이 범사가 잘되고 강건하게 될 것이라고 가르칩니다. 그러나 우리는 신유가 이 시대에 사는 모든 사람에게 제한 없는 육체적 삶을 줄 것이라는 약속을 성경을 통해 받은 적이 없습니다. 사람이 한 번 죽는 것은 정해진 것이고, 그 후에는 심판을 받게 되는 것은 여전히 진리입니다(히 9:27 참조).

치유의 교리를 너무 지나치게 주장하는 몇몇 열성적인 교사들과 설교자들과 성도들은 사람이 충분한 믿음을 갖기만 하면 결코 육체적으로 사망하지 않을 것이라는 견해를 고수합니다. 하지만 성경은 사망이 정복되지 않은 원수로 남아 있다는 것을 명백히 말씀하고 있습니다.

"맨 나중에 멸망 받을 원수는 사망이니라"(고전 15:26).

이 구절을 신중히 연구해보면, 사망은 맨 나중에 멸망 받을 것이지만, 그 멸망은 미래에 일어난다는 것을 보여줍니다. 사망이 쏘는 것은 죄입니다. 사망은 죄로부터 구원받은 사람에게 쏘는 것을 상실해버렸습니다. 하지만 사망 자체는 아직 정복되지 않았습니다. 사망은 예수님께서 다시 오셔서 모든 것을 그분 발 아래 두실 때까지 모든 인간에게 육체의 죽음을 행사할 것입니다.

"향락을 좋아하는 자는 살았으나 죽은 것입니다"(딤전 5:6).

로마서 5장(특히 17-19절)을 자세히 연구해 보면, 바울이 말하고 있는 사망은 영적 죽음이지 육체적 죽음이 아닙니다.

"한 사람이 순종하지 아니함으로 많은 사람이 죄인 된 것 같이 한 사람이 순종하심으로 많은 사람이 의인이 되리라"(19절).

만약 12절과 14절이 말씀하고 있는 사망이 육체적 사망을 의미하는 것이라면, 19절은 "한 사람이 순종하심으로 많은 사람이 육체적 사망으로부터 면제되리라."라고 말씀해야 합니다.

우리가 정해진 수명을 사는 동안의 육체적 건강은 그리스도의 대속 안에 포함되어 있다는 것은 진리입니다. 그러나 성경은 어떤 사람도 결코 육체적 사망을 당하지 않을 만큼 현저한 믿음을 가질 자가 있다는 것을 가르치지 않습니다. 예수님께서 재림하실 때까지 살아있을 사람들만이 육체적 사망을 피할 수 있을 뿐입니다.

"그 후에 우리 살아 남은 자들도 그들과 함께 구름 속으로 끌어 올려 공중에서 주를 영접하게 하시리니 그리하여 우리가 항상 주와 함께 있으리라"(살전 4:17).

"우리의 연수가 칠십이요 강건하면 팔십이라도 그 연수의 자랑은 수고와 슬픔뿐이요 신속히 가니 우리가 날아가나이다"(시 90:10).

하나님께서는 생명의 통상적 길이에 대한 일반적인 법칙을 주신 후에 다음과 같은 기도의 유형을 우리에게 주셨습니다.

"우리에게 우리 날 계수함을 가르치사 지혜로운 마음을 얻게 하소서"(시 90:12).

이 구절을 상고하면, 가장 거룩하게 살아가는 크리스천일지라도, 결국은 자신에게 마지막 날이 오게 된다는 것을 염두에 두어야 합니다. 이것은 연로한 사람들이 그들의 자리에서 일어나지 못하는 이유를 설명해주고 있습니다. 그들에게 정해주신 하나님의 시간이 온 것입니다.

비록 각 개인에게 마지막 날이 온다 할지라도, 여전히 성경은 그 사람이 고통과 질병 속에서 죽는 것이 하나님의 계획이라는 것을 가리키지 않습니다.

하나님께서는 그분의 종들이 평안히 죽는 것은 열망하십니다(눅 2:29 참조). 사망하기 위해서 굳이 질병에 걸릴 필요는 없습니다. 사망에 대한 하나님의 방침은 시편 104편 29절에서 발견됩니다.

"주께서 그들의 호흡을 거두신즉 그들은 죽어 먼지로 돌아가나이다."

죽을 때가 오더라도, 특별한 믿음이 있으면 일정한 시간을 연장 받을 수 있음을 믿는 것은 성경의 지지를 받습니다.

히스기야는 정령 죽고 살지 못할 것이기 때문에 그의 집을 정리하라는 하나님의 명령을 전달받았습니다. 하지만 그는 기도의 결과로써 생명을 15년 연장 받았습니다(왕하 20:1-5 참조). 그러나 비록 히스기야가 치유 받아서 생명이 연장되었어도, 연장 받은 15년이 다했을 때에 그는 여전히 죽을 수밖에 없었습니다.

신유는 사망의 법을 어기지 않습니다. 진정한 믿음은 오로지 신실하신 하나님의 말씀에 근거한 믿음입니다. 우리는 하나님께서 치유를 약속하셨기 때문에 치유를 얻을 수 있는 것입니다. 하지만 하나님께서는 우리 육체의 생명이 무한하게 살게 하실 것이라고 약속하신 적이 없습니다.

### 하나님의 방법대로 치유 받으라

하나님의 말씀 위에 당신의 믿음을 세우세요. 성경에서 당신이 치유 받지 못한 이유를 찾으세요. 당신의 문제로부터 빠져 나오세요. 그리고 하나님의 방법에 맞는 방법을 통해 치유를 받아들이세요.

하나님께서는 당신이 즉시 치유되는 것을 선택하실 수도 있고, 또는 서서히 치유되는 것을 선택할 수도 있습니다. 그분께서는 당신의 치유가 갑작스럽게 나타나도록 하실 수도 있고, 나중에 나타나도록 하실 수도 있습니다. 또는 수명이 다 된 사람의 경우, 하나님께서는 그에게 영원한 안식을 주시기 위해서 생명을 거두시므로 통증과 고통으로부터 건지실 수도 있습니다.

하나님께서 당신을 어떻게 치유하실 지에 대한 당신의 생각들을 내려놓고, 치유에 대한 하나님의 방법을 받아들이세요. 성경을 근거하여 하나님을 믿으세요. 하나님께서는 당신을 치유하실 것이라고 말씀하십니다. 거짓말을 하실 수 없는 하나님께서는 "믿고 구하는 것은 받을 것이다."라고 말씀하십니다.

건강의 회복이 즉시 일어나지 않아도 하나님께 대한 신뢰를 버리지 마세요.

하나님의 말씀에 믿음을 두십시오.

하나님의 약속 위에 서세요.

하나님께서는 당신의 치유가 곧 올 것이라고 보증하십니다.

## CHAPTER 10

# 치유하는 방법들

여리고로 가는 길에 바디매오라는 맹인이 앉아 있었습니다. 그는 거지였습니다. 바디매오는 예수님께서 어떻게 병든 사람들을 치유하셨고, 어떻게 맹인들의 눈을 뜨게 하셨고, 어떻게 벙어리로 하여금 주님을 찬양할 수 있도록 하셨는지 들었습니다. 그런데 이때 그는 그리스도를 처음 만나게 될 기회를 얻었습니다. 그는 예수님께서 지나가신다는 소문을 듣고서 "다윗의 자손 예수여 나를 불쌍히 여기소서"(막 10:47)라고 부르짖었습니다. 바디매오가 날마다 손에 컵을 들고 길에 앉아 있는 것을 반대한 사람은 하나도 없었습니다.

사람들은 질병의 고통을 참고 있는 동안에는 아무도 반대하지 않습니다. 그러나 병든 사람이 그리스도께 도움을 받고자 부르짖기 시작하면, 사탄은 모든 방법을 사용하여 그가 치유 받지 못하도록 방해합니다. 하지만 당신 안에 계신 이가 이 세상에 있는 자마다 크십니다(요일 4:4 참조).

예수님께서는 "내가 너희에 뱀과 전갈을 밟으며 원수의 모든 능력을 제어할 권능을 주었으니 너희를 해칠 자가 결코 없으리라."(눅 10:19)고 말씀하셨습니다. 사탄에게 패배하지 마세요. 당신 안에 계신 그리스도는 이 세상에 있는 원수의 능력보다 더 위대하십니다.

포기하지 마세요. 멈추지 마세요.

바디매오가 주님께 도와달라고 부르짖는 순간, 많은 사람이 그에게 조용히 하라고 꾸짖었습니다(막 10:48 참조). 그들은 최선을 다해서 바디매오가 치유를 받지 못하도록 용기를 잃게 하려고 했습니다.

바디매오의 믿음을 보세요(48절 참조). 그는 의기소침해지지 않았습니다. 그는 자기 눈이 떠지게 하기 위해 결심했습니다. 그는 예수님이 그의 눈을 뜨게 하실 유일한 분이라는 것을 알았습니다. 더 많은 사람이 그의 용기를 꺾으려고 하자, 그는 더더욱 "다윗의 자손 예수여 나를 불쌍히 여기소서"라고 소리 질렀습니다.

예수님께서는 바디매오가 의기소침해지지 않은 것을 보시고 그 자리에 멈추시고 그를 불러오라고 명하셨습니다. 그들이 바디매오를 예수님께 데리고 왔을 때, 예수님께서는 그에게 "네게 무엇을 하여 주기를 원하느냐?"라고 물으셨습니다.

이에 바디매오는 "선생님이여 보기를 원하나이다"라고 대답했습니다.

"예수님께서 이르시되 가라. 네 믿음이 너를 구원하였느니라 하시니 그가 곧 보게 되어 예수를 길에서 따르니라"(막 10:52)

바디매오가 사람들의 책망하는 소리에 귀 기울였다면, 그는 더는 소리치지 않았을 것이고, 결코 치유 받지 못했을 것입니다.

하나님께서는 자기를 부지런히 찾는 자들에게 상 주시는 분입니다(히 11:6 참조). 당신은 용기를 잃어서는 안 됩니다. 승리를 얻을 때까지 멈추지 않기로 작정하는 것은 매우 중요합니다. 만약 당신이 치유기도를 받기 위해 줄 서기 전에 진정한 승리를 얻기 위해 기도했다면, 그 어떤 것도 당신을 막을 수는 없습니다. 당신은 치유를 받을 때까지 밀어붙일 것입니다.

### 갈보리를 기억하라

다윗은 "내 영혼아 여호와를 송축하며 그의 모든 은택을 잊지 말지어다"(시 103:2)라고 말했습니다. 이 구절은 "그의 모든 은택을 기억하라"는 의미입니다. 우리가 하나님의 모든 은택을 기억하기 위해서는 갈보리로 돌아가야 합니다. 다윗에 의해 언급된 은택이란, 모든 죄에 대한 용서와 모든 질병의 치유를 의미합니다. 그것은 죄의 일부나 질병의 일부가 아니라 모든 것을 의미합니다! 이것이 바로 갈보리의 은택입니다.

갈보리 사건이 일어나기 700년 전, 이사야는 그 십자가를 바라보았습니다. 이사야는 한 사람이 그 십자가에서 세상의 죄를 위하여 피를 흘리며 죽어가는 모습을 보았습니다. 십자가에 달린 그 사람의 등은 채찍질로 인해 찢겨서 피를 흘리고 계셨습니다. 그분께서 맞으신 채찍과 흘리신 피는 우리가 질병과 죄로부터 자유롭게 하기 위함이었습니다. 이사야는 성령님의 감동을 받아서 예언을 말했습니다.

"그는 멸시를 받아 사람들에게 버림 받았으며 간고를 많이 겪었으며 질고를 아는 자라. 마치 사람들이 그에게서 얼굴을 가리는 것 같이 멸시를 당하였고 우리도 그를 귀히 여기지 아니하였도다. 그는 실로 우리의 질고를 지고 우리의 슬픔을 당하였거늘 우리는 생각하기를 그는 징벌을 받아 하나님께 맞으며 고난을 당한다 하였노라. 그가 찔림은 우리의 허물 때문이요 그가 상함은 우리의 죄악 때문이라. 그가 징계를 받으므로 우리는 평화를 누리고 그가 채찍에 맞으므로 우리는 나음을 받았도다"(사 53:3-5).

그래서 우리는 그분이 채찍에 맞으므로 나음을 받았습니다.

갈보리 사건이 일어난 지 수십 년이 지났을 때, 사도 베드로는 "친히 나무에 달려 그 몸으로 우리 죄를 담당하셨으니 이

10. 치유하는 방법들

는 우리로 죄에 대하여 죽고 의에 대하여 살게 하려 하심이라. 그가 채찍에 맞음으로 너희는 나음을 얻었나니"(벧전 2:24)라고 선포했습니다.

갈보리 사건으로부터 수십 년이 지나고 2000년이 지났지만, 무엇이 달라졌습니까? 시간은 하나님의 영원한 말씀을 바꾸어놓을 수 없습니다. 갈보리에서 당신이 치유 받았다는 사실은 그대로 남아 있습니다! 치유를 위한 예수님의 사역은 그곳에서 완성되었습니다. 하나님께서 우리에게 원하시는 것은 오직 우리가 그 사실을 믿고 치유를 받는 것입니다.

오직 죄인이 자기의 영혼의 대속을 위하여 갈보리 사건을 믿을 때에 죄에서 구원을 받을 수 있습니다. 그리고 질병으로 고통받는 당신이 그분께서 맞으신 채찍을 믿음으로만 당신의 몸을 위한 치유를 받을 수 있습니다. 예수 그리스도께서는 모든 사람의 죄를 대속하기 위하여 피를 흘리셨습니다. 그분의 몸으로 받으신 고난들은 그것을 목적으로 받은 것이 아닙니다.

"너희가 알거니와 너희 조상이 물려 준 헛된 행실에서 대속함을 받은 것은 은이나 금 같이 없어질 것으로 된 것이 아니요 오직 흠 없고 점 없는 어린 양 같은 그리스도의 보배로운 피로 된 것이니라"(벧전 1:18-19).

"우리는 그리스도 안에서 그의 은혜의 풍성함을 따라 그의 피로 말미암아 속량 곧 죄 사함을 받았느니라"(엡 1:7).

"육체의 생명은 피에 있음으라. 내가 이 피를 너희에게 주어 제단에 뿌려 너희의 생명을 위하여 속죄하게 하였나니 생명이 피에 있으므로 피가 죄를 속하느니라"(레 17:11).

그리스도께서는 우리의 죄를 속하기 위하여 몸의 고난을 받으신 것이 아닙니다. 그분께서는 피를 흘리시므로 죄를 속하셨습니다. 우리의 치유는 그분께서 맞으신 채찍에 있습니다! 다윗이 그것을 말했습니다. 이사야가 그것을 말했습니다. 베드로가 그것을 말했습니다. 그리스도께서 그것을 말씀하셨고, 그것이면 충분하다고 말씀하셨습니다.

갈보리의 고난에 대해서 하나님께 감사드리세요! 우리는 갈보리 십자가에서 우리 영혼의 속죄를 받았습니다. 하지만 우리는 그곳에서 멈춰서는 안 됩니다. 그것은 갈보리 은택의 절반밖에 되지 않습니다. 나머지 반은 육체의 치유입니다.

오늘날의 많은 사람이 주님의 은택을 망각하고 있습니다. 많은 사람이 그 은택의 일부를 기억하지만, 우리 육체의 구원을 위한 부분을 잊어버렸습니다. 그들은 그리스도의 고난이 헛된 것으로 만들었습니다. 바울은 그리스도인들이 아픈 이유에 대해서 말하면서 이것에 대하여 언급했습니다.

"그러므로 너희 중에 약한 자와 병든 자가 많고 잠자는 자도

적지 아니하니"(고전 11:30)

주님의 몸을 분별하지 못하는 것에 대한 원인은 고린도전서 11장 29절에서 발견됩니다. 이것은 주님의 몸이 채찍에 맞고 찢어지므로 우리가 치유 받을 수 있다는 것을 이해하지 못하거나 기억하지 못하는 것을 의미합니다. 이 구절에서 바울이 말하고 있는 것은 성찬의 빵에 대함입니다. 이 주제에 대한 그리스도의 가르치심으로 돌아가면, 우리는 예수님께서 떡을 가져다가 축복하시고 떼어 제자들에게 주신 것을 발견하게 됩니다.

그분께서는 "받아서 먹으라. 이것은 내 몸이니라"(마 26:26) 하고 말씀하셨습니다. 27절과 28절에서, 예수님께서는 "또 잔을 가지사 감사 기도 하시고 그들에게 주시며 이르시되 너희가 다 이것을 마시라. 이것은 죄 사람을 얻게 하려고 많은 사람을 위하여 흘리는 바 나의 피 곧 언약의 피니라" 고 말씀하셨습니다.

여기에서 그리스도께서는 몸과 피의 차이를 보여주셨습니다. 이 차이는 떡과 포도주가 공히 성례의 상징에 포함되는 이유입니다. 포도주는 우리의 죄를 위하여 흘리신 피를 상징하고, 떡은 우리의 질병을 치유하기 위해 찢김 받은 몸을 상징합니다. 주님의 몸을 분별하지 못함(고전 11:29 참조)은 그분께서 채찍에 맞으므로 우리가 나음을 받았다(사 53:5 참조)는 것을 망각하는 것이며, 갈보리 은택의 절반을 망각하는 것을 의미합니다.

고린도 교회에 약하고 병든 사람들이 많았던 것에는 다 이유가 있습니다. 그들은 하나님께서 그들의 치유를 위해서 예비하신 것을 간과했습니다. 그리고 오늘날의 많은 그리스도인들이 약하고 병든 것은 같은 이유 때문입니다. 그들은 갈보리의 십자가의 은택을 잊었습니다.

예수님께서 십자가상에서 운명하시기 바로 전에 하신 마지막 말씀은 "다 이루었다"(요 19:30)였습니다. 예수님께서는 무슨 의미로 이 말씀을 하신 것일까요? 그분께서는 "우리의 연약한 것을 친히 담당하시고 병을 짊어지셨습니다"(마 8:17).

그리스도께서 당신의 질병을 담당하셨기 때문에 당신은 더는 아플 필요가 없습니다. 당신은 그리스도께서 갈보리에서 단번에 죄와 질병을 끝내셨다는 것을 기억하므로 그것들로부터 놓임을 받을 수 있습니다.

### 지금은 치유 받을 때다!

이제 당신은 예수님의 이름으로 안수 받는 순간에 치유 받을 것을 믿기에 기도를 받을 준비가 되어 있습니다. 예수님께서는 "믿는 자들에게는 이런 표적이 따르리니 곧 그들이 내 이름으로 귀신을 쫓아내며 새 방언을 말하며 뱀을 집어 올리며 무슨 독을 마실지라도 해를 받지 아니하며 병든 사람에게 손을 얹은즉 나으리라"(막 16:17,18) 하고 말씀하셨습니다. 또한, 야고보는 믿음의 기도가 병든 자를 치유하리니 주님께서 그를 일으키실 것이라고 말했습니다.

당신에게 손이 얹어지는 순간에 갈보리를 기억하고 그 모든 은택을 요구하세요. 치유 받기 위해서 믿음으로 행동을 시작하세요. 당신이 믿음으로 행동하지 못하도록 만들었던 질병부터 시작하세요.

치유를 위해 안수하는 사람은 신적 권세를 가지고 사역한다는 것을 인정해야 합니다. 이 사역자는 당신을 질병으로부터 놓임을 받도록 하기 위해서 그리스도로부터 위임 받았다는 것을 기억하세요. 그리스도께서는 그에게 당신의 질병을 제어할 능력과 권세를 주셨습니다. 그는 하나님의 위임 하에 그 일을 하는 것입니다.

그리스도께서는 "내가 너희에게 뱀과 전갈을 밟으며 원수의 모든 능력을 제어할 권능을 주었으니"(눅 10:19)라고 말씀하셨습니다.

그분께서는 그들에게 "모든 귀신을 제어하며 병을 고치는 능력과 권위를 주셨습니다"(눅 9:1).

당신에게 치유를 가져다 주는 하나님의 사람은 사탄을 이긴 갈보리 십자가의 승리에 대한 전적인 믿음을 가지고 있습니다.

하나님의 사람은 죄를 깨끗하게 하는 보혈의 능력을 믿습니다. 그리고 그리스도의 찢긴 몸이 당신을 질병으로부터 자유롭게 한다는 것을 믿습니다.

하나님의 사람은 거짓말을 하실 수 없는 하나님께서 "믿는 자들에게는 이런 표적이 따르리니 곧 그들이 내 이름으로 귀신을 쫓아내며 새 방언을 말하며 뱀을 집어 올리며 무슨 독을 마실지라도 해를 받지 아니하며 병든 사람에게 손을 얹은즉 나으리라"(막 16:17,18)는 말씀을 믿는 것입니다.

하나님의 사람은 예수님의 이름을 들을 때에 사탄이 떠나간다는 것을 압니다. 그는 예수님의 이름을 믿으므로 사탄을 묶고 꾸짖고 명하여 질병을 제거합니다. 그리고 사탄은 그 이름을 존중합니다! 갈보리의 승리는 당신에게 적용됩니다. 그렇다면 당신이 해야 할 다음 일은 무엇일까요?

**믿기만 하라**

그냥 단순하게 믿으세요! 믿는 것이 믿음입니다. 믿음은 단지 하나님께서 능하시다는 것을 알기만 하는 것이 아닙니다. 믿음은 하나님께서 그것을 하신다는 것을 믿는 것입니다. 당신은 하나님께서 그것을 행하실 것이라고 말씀하셨고, 하나님께서는 거짓말을 하시지 못한다는 것을 알기 때문에 그것을 믿습니다.

"믿음은 바라는 것들의 실상이요 보이지 않는 것들의 증거입니다"(히 11:1).

믿음은 보이지 않는 것들을 만지게 하고, 존재하지 않는 것이 존재할 때까지 붙잡는 것입니다. 믿음은 우리가 볼 수 없고

10. 치유하는 방법들

느낄 수 없는 것을 소유하고 있다고 믿는 것입니다. 비록 그것이 아직 보이지 않고 느낄 수 없지만, 우리는 그것이 이미 이루어진 것을 믿습니다. 이런 유의 믿음이 치유를 가져옵니다!

당신이 고통을 느끼고 있는 중에도 믿으세요. 당신이 걸으려고 시도했지만 걸을 수 없더라도 믿으세요! 계속 믿고 믿음으로 행동하려고 노력하세요. 믿음이 당신의 통증을 몰아낼 것이며, 당신을 병상에서 일어나게 할 것입니다.

불신자들은 "제가 느낄 수 있도록 해주세요. 그러면 믿을게요."라고 말합니다.

하나님께서는 "믿으라. 그리하면 네가 느낄 수 있도록 하겠노라." 하고 말씀하십니다.

느끼지 못하는 것을 믿는 것이 진정한 믿음입니다. 우리는 우리의 믿음에 의해서 치유 받은 것이지 느낌에 의해서 치유 받은 것이 아닙니다. 느낌은 믿음이 적용된 후에 오게 됩니다. 그러므로 느낌을 바라보지 말고, 치유를 바라보세요!

치유를 위한 믿음은 약함이나 통증이 느껴지는 상황에서도 치유한다는 것을 절대적으로 믿는 것입니다.

믿음은 우리가 보고 느끼기 전에 기도한 것을 이미 받은 줄로 믿는 것입니다.

믿음은 요한이 "그를 향하여 우리가 가진 바 담대함이 이것이니 그의 뜻대로 무엇을 구하면 들으심이라."(요일 5:14,15)고한 말씀을 그대로 믿는 것입니다.

"행함이 없는 믿음은 죽은 믿음입니다."(약 2:20) 환언하면,

역사하지 않는 믿음은 죽은 것이라는 말입니다. 진정한 믿음은 살아있습니다. 그러므로 진정한 믿음은 행동하는 믿음입니다. 믿음은 역사하고, 행동합니다.

예수님께서 채찍에 맞으므로 당신이 나음을 받았다는 것을 절대적으로 믿을 때, 당신은 하나님의 말씀을 행함으로 옮기게 됩니다. 하나님께서 당신을 위해 하신 일을 깨닫는 순간에 당신의 영혼에는 기쁨이 넘치게 될 것입니다. 믿음은 항상 기쁨을 가져옵니다.

두 발로 서서 당신의 승리를 기뻐하세요!

예수님의 이름으로 일어나 걸으세요!

당신이 할 수 없었던 것을 행하세요.

당신의 휠체어를 두고 걸으세요.

당신의 목발을 던져버리세요.

기쁨으로 걷고 달리고 뛰세요!

말하세요!

들으세요!

어둠을 걷어버리고 보세요.

예수님의 이름으로 그렇게 하세요.

당신이 믿기 때문에 당신이 치유 받은 것입니다. 당신이 믿기 때문에 과거에 할 수 없었던 것을 하게 될 것입니다.

**당신의 믿음을 행하라**

하나님의 약속 위에서 걸으세요.

당신의 믿음에 대해 말하기를 멈추고, 당신의 믿음을 행동에 옮기기를 시작하세요.

만약 당신이 진정한 믿음을 가지고 있다면, 다른 사람들에게 당신이 믿음이 있다는 것을 말하지 않을 것입니다. 그들 스스로 당신에게 진정한 믿음이 있음을 보게 될 것입니다.

네 사람이 한 중풍병자 친구를 예수님께 데려왔습니다. 그들은 보이지 않는 믿음을 가지고 있었습니다. 예수님께서는 "그들의 믿음을 보시고 이르시되 이 사람아 네 죄 사함을 받았느니라"(눅 5:20)고 말씀하셨습니다.

진정한 믿음을 소유하고 있는 사람들은 자랑하는 대신 행함으로 옮깁니다. 당신이 여전히 아프고 고통당하고 있는 상황에서 "세상에 있는 모든 믿음"을 소유하고 있다는 식으로 말하지 마세요. 만약 당신에게 그만큼의 믿음이 있다면, 아프고 고통당하는 수많은 사람에게 치유를 가져다 줄 것입니다!

"만일 제가 믿을 수만 있다면…"이라는 말을 하지 마세요.

"만일"이라는 단어를 빼세요."

믿으려고 노력"하는 것을 멈추세요. 하나님의 말씀을 그냥 믿고 행하세요.

**"너희는 말씀을 행하는 자가 되고 듣기만 하여 자신을 속이는 자가 되지 말라"(약 1:22).**

당신의 치유에 대해서 말하세요.

하나님의 선하심에 대해서 말하세요.

하나님의 약속들에 대해서 말하세요.

당신이 알고 있는 치유에 대한 모든 성경구절들을 인용하세요.

당신의 실수와 실패에 대해서 말하지 마세요.

당신의 의심에 대한 말을 버리세요.

당신의 통증에 대해서 말하지 마세요.

사람들에게 마귀가 당신을 질병으로 묶고 있다는 놀라운 일에 대해서 말하는 것을 멈추세요.

마귀에게 영광을 돌리는 것과 그의 능력을 간증하는 것을 멈추세요.

하나님의 약속들을 믿는 믿음에 대해서 말하세요.

예수님께서 어떻게 당신을 치유하셨고 사탄의 세력을 몰아내셨는지에 대해서 말하세요.

당신의 간증이 하나님께 영광을 돌리도록 하세요.

우리는 간증하는 말로 마귀를 이깁니다(계 12:11 참조).

이쯤에서 어떤 사람은 "앨런 목사님, 하지만 저에게는 통증이 있어요."라고 말할 것입니다. 통증은 질병이 치유되지 않았다는 것을 말해줍니다. 그러나 우리는 당신의 통증이 무엇이든지, 당신의 느낌이 무엇이든지 상관하지 않습니다.

성경은 "그가 채찍에 맞음으로 당신이 나음을 받았다!"라고 말씀하십니다. 성경은 이렇게 말씀하고, 당신의 통증은 저렇게 말합니다.

당신은 하나님의 말씀과 당신의 통증 중에 무엇을 믿으려고 합니까?

당신은 무엇을 선포합니까?

당신의 간증은 무엇입니까?

당신은 "그가 채찍에 맞음으로 저는 나음을 받았습니다!"라고 말해야 합니다.

어떤 사람들은 이것이 거짓말이라고 생각합니다. 하지만 성경은 거짓말을 하지 않기 때문에 이것은 거짓말이 아닙니다. 많은 경우에 병든 사람이 안수기도를 받고 나면, 그의 친구나 배우자가 그의 곁에 서서 그에게 "어떻게 느껴지세요? 좀 나아진 것 같아요? 이제 그 귀로 들을 수 있나요?"라고 묻습니다. 그들은 그런 말을 하므로 마귀를 돕고 있다는 사실을 알지 못합니다.

당신의 느낌이 하나님께서 말씀하시는 바에 부합하지 않는다면, 마귀가 당신으로 하여금 당신이 느끼고 있는 것에 대해 생각하고 말하게 하는 것을 허용하지 마세요.

느낌은 하나님의 말씀을 부합할 때에 좋은 것입니다. 하지만 하나님의 말씀은 당신의 느낌보다 위대합니다.

만약 당신의 느낌이 아직도 하나님의 말씀에 부합하지 않다면, 그것을 무시해버리세요.

그런 느낌들을 말하지 마세요.

대신 하나님의 말씀을 인용하세요.

믿음으로 서세요.

그리고 당신이 치유 받았는지에 관해서 묻는 사람들에게 "그가 채찍에 맞음으로 제가 나음을 받았습니다."라고 말하세요.

당신은 당신의 통증에 대해서 거짓말을 할 필요가 없습니다. 거짓말은 잘못된 것입니다. 여전히 통증이 남아있는데 "통증이 떠났어요."라고 말하지 마세요. 당신이 모든 것을 선명하게 들을 수 없을 때에 "저는 모든 것을 선명하게 들을 수 있어요."라고 말하지 마세요. 만약 당신의 몸 상태가 좋지 않게 느끼고 있을 때에 "몸의 컨디션이 좋습니다."라고 말하는 것은 거짓말입니다. 만약 당신에게 여전히 통증이 있다면, 그것에 대해서 거짓말을 하지 마세요. 다만 그것에 대해서 다른 사람들과 상의하는 것을 거부하세요. 하나님의 말씀을 인용하세요. 하나님의 말씀은 진리입니다. 진정한 믿음은 하나님의 말씀 위에만 기초를 두어야 합니다.

당신은 통증이 떠났기 때문에 당신이 치유 받은 것이라는 식으로 믿어서는 안 됩니다. 그리고 당신이 여전히 통증을 느끼고 있다고 해서 당신이 치유 받은 것을 믿지 않아서도 안 됩니다. 그 통증은 당신의 믿음에 어떤 악영향을 줄 수 없습니다. 느낌은 믿음이 아니며, 믿음은 느낌이 아닙니다. 믿음은 당신이 치유 받았다는 것을 믿는 것입니다. 왜냐하면, 하나님께서 당신이 치유 받았다고 말씀하시기 때문입니다!

만약 한 사람이 "저에게 있던 통증이 사라졌기 때문에 제가 치유 받은 줄로 믿습니다."라고 말한다면, 이 사람은 그 통증이 다시 느껴지면 즉시 믿음을 잃게 될 것입니다. 그리고는 "제가 치유 받은 줄 생각했는데, 그게 아니었어요. 통증이 다시 시작됐어요."라고 말할 것입니다.

믿음은 결코 하나님의 말씀 편에 서는 것을 두려워하지 않습니다. 하나님은 진실하시고, 사람은 거짓됩니다(롬 3:4 참조). 만약 우리의 느낌이 하나님께서 말씀하시는 바에 부합하지 않으면, 우리의 느낌은 거짓입니다. 믿음으로 행하는 사람은 자기의 느낌이 하나님의 말씀에 부합하지 않으면 그 느낌을 무시해버립니다.

다음의 말들이 당신의 간증이 되도록 하세요.

"하나님께서는 이미 끝났다고 말씀하십니다. 저는 그것이 끝났음을 믿습니다! 끝났습니다. 저는 거짓말을 하실 수 없는 하나님께서 제가 치유 받았다고 선포하시기 때문에 저는 치유 받았습니다!"

이것이 바로 치유를 받는 방법입니다.

치유는 느낌이 아니라 믿음으로 옵니다.

만약 당신이 이 과정들을 따른다면, 하나님께서는 당신을 치유를 보증하십니다!

# CHAPTER 11

# 누가 치유의 능력을 가지고 있을까?

예수님께서는 공생애 기간에 사람들에게 있던 모든 질병과 약한 것들을 치유하셨습니다(마 4:23 참조). 예수님께서 시작하셨던 영광스러운 치유사역은 그분의 제자들과 추종자들과 성도들에 의해 계속되어야 합니다.

"예수께서 그의 열두 제자를 부르사 더러운 귀신을 쫓아내며 모든 병과 모든 약한 것들을 고치는 권능을 주시니라"(마 10:1).

그리고 그분께서는 하나님의 나라를 전하고 병든 사람들을 치유하게 하도록 그들을 보내셨습니다(눅 9:2 참조).

이후에 주님께서는 70인을 따로 세우셔서 각 지방과 마을로 보내셨습니다(눅 10:1 참조). 그분께서는 이 70인에게 복음을 전하라고 명하셨습니다. 하지만 그분께서 명하신 것은 그것만이 아니었습니다. 그분께서는 그들에게 병든 사람들을 치유하면서 천국이 가까이 왔다고 전하라고 명하셨습니다(9절).

"칠십 인이 기뻐하며 돌아와 이르되 주여 주의 이름이면 귀신들도 우리에게 항복하더이다"(17절)

예수님께서는 천국으로 돌아가시기 전에 그 제자들에게 강력한 약속을 하셨습니다.

"내가 진실로 진실로 너희에게 이르노니 나를 믿는 자는 내가 하는 일을 할 것이요 또한 그보다 큰 일도 하리니 이는 내가 아버지께로 감이라"(요 14:12).

예수 그리스도의 기적 행함의 능력을 부인하는 많은 설교자는 그리스도께서 병든 사람들을 치유하신 것은 인정하지만, 기적의 시대는 이미 끝났다고 선포합니다. 그들은 예수님께서 하늘로 올라가셨기 때문에 더는 하나님의 능력으로 병든 사람들이 치유 받을 수 없다고 말합니다. 그러나 예수님께서는 자신이 천국으로 올라가시는 것이 기적의 종식을 의미하지는 않는다고 명백하게 진술하셨습니다. 오히려 그분께서 가시면 기적이 더 많이 일어날 것이라고 말씀하셨습니다.

**지상 명령을 완수하기**

예수님의 일을 수행하기 위해 남겨진 제자들에게 주신 마지막 사명은 "너희는 온 천하에 다니며 만민에게 복음을 전파하라. 믿고 세례를 받는 사람은 구원을 얻을 것이요 믿지 않는 사람은 정죄를 받으리라. 믿는 자들에게는 이런 표적이 따르리니 곧 그들이 내 이름으로 귀신을 쫓아내며 새 방언을 말하며 뱀을 집어 올리며 무슨 독을 마실지라도 해를 받지 아니하며 병든 사람에게 손을 얹은즉 나으리라."(막 16:15-18)였습니다. 이에 대하여 마태는 "내가 너희에게 분부한 모든 것을 가르쳐 지키게 하라 볼지어다 내가 세상 끝날까지 너희와 항상 함께 있으리라"(마 28:20) 하는 말씀을 더했습니다.

마가에 의하면, 예수님께서 이 말씀을 하신 후에 하늘로 올라가셔서 하나님의 우편에 앉으셨고, 제자들이 나가 두루 전파할새 주께서 함께 역사하사 그 따르는 표적으로 말씀을 확실히 증언하셨다고 합니다"(막 16:19-20 참조). 이 말씀은 마태복음 28장 20절에서 약속하신 것에 대한 성취입니다.

예수님께서 하늘에 계신다는 것은 사실이지만, 그분을 믿고 복음을 전파하는 사람들과 여전히 함께하신다는 것은 성경의 가르침입니다. 왜냐하면, 그분께서는 세상 끝날까지 우리와 함께하시겠다고 말씀하셨기 때문입니다! 그분께서는 제자들과 함께 계셨고, 마가복음 16장 17,18절에 나열된 표적과 기사를 통해 말씀을 확실히 증언하셨습니다.

예수 그리스도께서 하늘로 올라가신 후, 오순절 날이 되자

교회가 탄생했습니다(행 2장 참조). 성령충만하고 성령님의 은사들을 받은 교회는 그리스도께서 시작하셨던 사역을 동일하게 이어나갔습니다. 성령 충만한 제자들은 예수님께서 하늘로 올라가신 후에도 그분의 영광스러운 축귀사역을 이어갔습니다.

어머니의 태에서 날 때부터 앉은뱅이였던 사람이 날마다 성전 미문 앞에 앉혀졌습니다(행 3:2 참조). 베드로와 요한은 앉은뱅이 앞을 지나갈 때에 "우리를 보라." 하고 말했습니다. 이어서 베드로는 "은과 금은 내게 없거니와 내게 있는 이것을 네게 주노니 나사렛 예수 그리스도의 이름으로 일어나 걸으라."(행 3:6) 하고 말했습니다.

베드로가 "오른손을 잡아 일으키니 발과 발목이 곧 힘을 얻고 뛰어 서서 걸으며 그들과 함께 성전으로 들어가면서 걷기도 하고 뛰기도 하며 하나님을 찬송했습니다"(행 3:8).

이 강력한 기적을 목격했던 사람들은 심히 놀랍게 여기며 놀랐습니다. 그들은 예수님께서 하늘로 올라가셨기 때문에 더는 기적을 볼 수 없을 것으로 생각했습니다(물론 오늘날 교인들도 그렇게 생각합니다). 그들 중에 많은 사람이 기적을 행한 베드로와 요한을 신성시하기 시작했습니다. 겸손한 베드로는 즉시 그들의 칭송을 멈추게 했습니다.

"이스라엘 사람들아 이 일을 왜 놀랍게 여기느냐? 우리 개인의 권능과 경건으로 이 사람을 걷게 한 것처럼 왜 우리를 주목

하느냐?… 그 이름을 믿으므로 그 이름이 너희가 보고 아는 이 사람을 성하게 하였나니 예수로 말미암아 난 믿음이 너희 모든 사람 앞에서 이 같이 완전히 낫게 하였느니라"(12, 16절).

세상에는 이 능력을 스스로 소유하는 사람은 없습니다. 하지만 믿는 사람들은 누구든지 이 능력을 소유할 수 있습니다. 그리스도께서 사용하셨던 모든 능력은 그분을 따르는 현대의 제자들에게 허용되었습니다. 그분께서 공생애 동안에 행하셨던 능력들은 그분께서 시작하셨던 사역을 완성하기 위해서 이 땅에 남겨진 제자들이 행할 능력의 양식입니다(벧전 2:21-24 참조).

고린도전서 12장에 열거된 성령님의 은사들과 제자들에게 주신 그리스도의 명령들은 그리스도께서 행하셨던 모든 기적을 담고 있습니다. 그분께서는 그 제자들이 사용할 수 없는 능력을 사용하신 적이 없습니다.

스데반은 초대교회의 집사였습니다. 그러나 그는 "은혜와 권능이 충만하여 큰 기사와 표적을 민간에 행했습니다"(행 6:8).

집사였던 빌립은 사마리아에 내려가서 그리스도를 증거했습니다. "무리가 빌립의 말도 듣고 행하는 표적도 보고 한마음으로 그가 하는 말을 따르더라 많은 사람에게 붙었던 더러운 귀신들이 크게 소리를 지르며 나가고 또 많은 중풍병자와 못 걷는 사람이 나으니"(행 9:6, 7).

바울은 그리스도께서 승천하신 지 29년이 지났을 때도 여전히 병든 사람들을 치유했습니다(행 28:8, 9 참조). 비록 바울이 예수님께서 올리브산에서 하늘로 올라가시기 전에 주셨던 지상명령과 약속들을 듣지는 못했지만, 하나님께서는 "바울의 손으로 놀라운 능력을 행하게 하시니 심지어 사람들이 바울의 몸에서 손수건이나 앞치마를 가져다가 병든 사람에게 얹으면 그 병이 떠나고 악귀도 나갔습니다"(행 19:11, 12).

**손수건과 앞치마에 의한 기적들**

수천 수만의 사람들이 기름부음 받은 손수건이 얹어질 때에 치유 받고 있습니다. 하나님께서는 치유집회에 참석해서 개인적으로 치유기도를 받을 수 없는 사람들을 위하여 이 방법을 예비하셨습니다. 비록 우리가 그들에게로 가서 개인적으로 안수할 수 없다 하더라도, 우리는 우리의 손으로 만진 손수건을 그들에게 보낼 수 있습니다. 이것은 귀신에게 사로잡혀서 아파하며 고통 받는 사람들에게 사역하기 위해 하나님께서 주신 성경적인 치유의 방법입니다.

병든 사람들이, 강력한 믿음을 가진 사람들, 즉 주님께서 사용하시는 사역자들과 직접적으로 접촉할 수 없을 때, 그들은 사역자들에게서 받은 손수건을 통해서 그들과 접촉할 수 있습니다.

바울의 시대에 기름부음 받은 손수건 사역이 수천의 병든 사람들에게 치유를 가져다 주었던 것처럼, 오늘날에도 손수건을 통해서 기적적인 치유를 가져다 주고 있습니다. 이 간단한 사역을 통해서 수천의 기적들이 일어나고 있습니다. 하나님께서 병든 사람들을 치유하시는 방법은 오늘도 동일합니다.

하나님의 기름부음 받은 사역자들의 몸에서 손수건을 가져다가 병든 사람들에게 얹는 것은 지금도 효과가 있습니다.

하나님께서는 사람을 외모로 취하시지 않습니다. 아픈 사람들은 믿음으로 손수건을 받으므로 치유 받을 수 있으며, 안수를 받기 위해 줄을 서는 사람들도 동일한 가르침을 따라서 치유 받을 수 있습니다.

손수건이 고통 당하고 있는 사람의 몸에 얹어질 때, 그는 실제로 안수 받을 때와 동일한 믿음을 사용하게 됩니다. 만약 그가 기름부음 받은 손수건을 통해 치유될 것이라고 믿는다면, 바울의 시대와 같은 결과가 일어날 것입니다.

믿음으로 받은 손수건을 자기 몸에 얹는 것은 복음전도자의 손에 의해 안수 받는 것과 동일한 유익과 능력을 나타냅니다. 이 방법은 전국적으로 열리는 치유집회에 참석할 수 없는 수천 수만의 사람들을 위해 하나님께서 고안하신 것입니다.

만약 당신에게 기름부음 받은 손수건이 있다 하더라도, 이 책에 기록된 지시들을 신중하게 따르기 전에는 그것을 당신의 몸에 올려놓지 마세요. 이 책에 기록된 손수건 사역에 대한 가르침들을 다 숙고한 후에 믿음으로 당신의 몸에 올려놓으세요. 그리고 손수건이 당신의 몸에 닿는 순간에 하나님께서 기적적으로 치유하실 것이라는 믿음을 가지세요. 만약 당신이 고통당하고 있는 가족이나 친구에게 당신의 손수건을 보내려고 한다면, 병든 사람에게 적절한 지시를 내려야 할 의무를 다하거나, 또는 그가 치유 받을 만한 믿음을 얻을 수 있도록 이런 유의 책을 보내주세요.

당신이 다른 사람을 위해서 손수건을 요청하기 전에, 하나님께서 그 사람에게 주신 믿음이 있는지를 확인해보세요. 그 사람에게 손수건이 얹어지든지, 아니면 복음전도자의 손이 얹어지든지 그에게는 동일한 믿음이 필요합니다. 손수건에 안수하는 사람에게 믿음이 필요한 것과 같이 병든 사람에게도 믿음이 필요하다는 것을 기억해야 합니다. 오직 믿음으로만 하나님으로부터 무엇이든 얻을 수 있습니다. 하나님께서는 자기의 성실하심을 믿는 사람을 치유하시기로 보증하십니다!

삶이 믿음으로 정결케 되지 않은 사람들마저 예수님의 이름으로 기적들이 일어난다는 믿음을 갖게 될 정도로 바울의 기적들은 매우 유명했습니다(행 19:13-18 참조). 이 사람들은 예수님과 개인적으로 만난 적이 없었고, 오로지 바울이 전한 것만 들어서 알고 있었을 뿐입니다. 그들이 예수님의 이름으로 귀신들을 쫓아내려고 시도했을 때, 귀신들은 그들에게 권세가 없다는 것을 알았습니다. 그들은 자신들이 보았던 것, 즉 바울이 행하던 기적들을 보고 믿었지만, 하나님은 믿지 않았습니다. 그들은 하나님의 직접적인 말씀으로 인하여 그들의 손으로 기적을 행하신다는 것을 믿지 않았습니다. 그들은 자신들이 하나님의 명령들과 약속들을 믿지 않았기에 믿음을 증명하지 못했습니다. 그들은 거룩하고 정결한 삶을 살지 못했기에 자신들의 믿음을 증명하지 못했습니다.

신실한 사람 중에 많은 이들이 하나님의 명령들을 수행하지 않으면서 하나님의 약속들을 전유하려고 했기 때문에 실망과 낙담을 겪고 있습니다. 예수님의 이름은 마술이 아닙니다. 그 이름에는 마법이 없습니다. 그 이름은 오직 법적 능력을 부여받은 사람들에 의해 사용될 때에 능력이 있습니다. 이 능력은 하나님의 말씀을 진실하게 믿고 그 말씀대로 행하는 사람들 모두를 위한 것입니다.

초대교회는 성도들이 하나님을 믿었기 때문에 강력했습니다. 그들은 하나님께서 "너희가 거룩하라." 하고 말씀하셨기 때문에 거룩한 삶을 살았습니다. 그들은 영분별의 은사를 통해서 죄가 드러나고 거짓말쟁이들이 죗값으로 죽게 되는 것을 보았으므로 죄짓는 것을 두려워했습니다(행 5장 참조).

예수님께서 "내가 한 일을 너희도 할 것이다."라고 말씀하셨기 때문에, 그들은 예수님의 이름으로 기적을 행할 수 있다고 믿었습니다. 그리고 그들이 하나님을 믿었기 때문에 하나님께서는 그들을 통해서 역사하셔서 표적과 기사로 말씀을 확실히 증거하셨습니다.

하나님께서는 예나 지금이나 변함이 없으십니다. 이와 동일한 필요조건들을 충족시키는 현대교회는 초대교회와 동일한 능력을 가질 수 있습니다.

**오늘날의 교회**

그리스도께서 승천하신 지 26년이 지났을 때, 사도 바울은 고린도 교회에 편지를 써서 "하나님이 교회 중에 몇을 세우셨으니 첫째는 사도요 둘째는 선지자요 셋째는 교사요 그 다음은 능력을 행하는 자요 그 다음은 병 고치는 은사와 서로 돕는 것과 다스리는 것과 각종 방언을 말하는 것이라."(고전 12:28) 하고 말씀했습니다.

오늘날의 세상에는 이와 같은 교회가 여전히 사역하고 있습니다. 그들은 나팔소리와 함께 첫째 부활이 일어나고 데살로니가전서 4장 13-18절이 성취될 때까지 사역할 것입니다. 그 때가 되면 지상 교회의 사명은 완성될 것이며, 주님을 만나기 위해 공중으로 들림 받게 될 것입니다. 교회가 하나님의 말씀을 믿으면, 계속해서 예수님의 강력한 이름으로 병든 사람들을 치유하고 기적을 행할 것입니다.

예수님께서는 "믿는 자들에게는 이런 표적이 따르리니 곧 그들이 병든 사람에게 손을 얹은즉 나으리라."(막 16:16-17) 하고 말씀하셨습니다. 성령님의 은사들-특히 병든 사람들을 치유하고 기적을 행하는 은사들은 초대교회의 택함 받은 몇몇 사람이나 오늘날의 몇몇 설교자들에게만 주어진 것이 아닙니다. 이 땅에 믿는 사람이 남아 있는 동안에는 예수님의 이름으로 기적이 행해질 수 있습니다.

성경 어디에도 치유사역이 특정 시대나 특출한 사람들에게 국한된 것이라고 말씀하는 구절은 없습니다. 심지어 구약에서도 하나님께서는 이스라엘의 목자들로 삼으신 모든 사람으로 하여금 병든 사람들을 치유하도록 하셨습니다.

"자기만 먹는 이스라엘 목자들은 화 있을진저… 너희가 그 연약한 자를 강하게 아니하며 병든 자를 고치지 아니하며 상한 자를 싸매 주지 아니하며 쫓기는 자들을 돌아오게 하지 아니하며 잃어버린 자를 찾지 아니하고 다만 포악으로 그것들을 다스렸도다"(겔 34:2, 4).

엘리사의 마른 뼈들 속에 있었던 능력은 현대의 팔팔하게 살아있는 다수의 설교자 속에 있는 능력보다 강합니다(왕하 13:21 참조). 비록 엘리사의 마른 뼈에 접촉하여 살아난 사람이 오직 하나이기는 하지만, 이 사건은 자신들을 하나님의 양떼를 먹이는 목자들이라고 칭하는 수다한 사람의 평생 사역보다 여전히 강력합니다.

만약 하나님께서 병든 사람들을 치유하지 않았던 이스라엘의 목자들을 기뻐하시지 않았다면, 예수님께서 행하신 것을 위임하신 신약교회의 목자들이 병든 사람들을 치유하기를 거부하는 것뿐만 아니라 치유사역을 하는 사람들을 비판하고 핍박하는 것을 보시면 그들을 어떻게 대하실까요?

베드로의 그림자에 있었던 능력은 예수 그리스도의 교회를 목회하는 자칭 베드로의 후예들이라는 사람들의 몸에 있는 능력보다 강했습니다(행 5장 참조).

바울의 몸에 접촉되었던 손수건들과 앞치마들에 있던 능력은 오늘날의 "정통주의" 종교인들의 몸에 있는 능력보다 강했습니다(행 19:11,12 참조).

하나님께서 바뀌셨을까요? 아닙니다! 예수님께서 보혈로 사신 교회는 여전히 기적을 행하고 병든 사람들을 치유하고 있습니다. 하나님의 약속들을 믿고 그 말씀 위에 서 있는 사람들은 지금도 예수님의 이름으로 병든 사람들을 치유할 수 있습니다. 하나님께서는 이들에게 귀신들을 쫓아내고 질병들을 치유하는 권세를 주셨습니다(눅 9:1 참조).

많은 사람이 오직 하나님께서만이 귀신들을 쫓으시고 질병들을 치유하실 권세를 가지고 계신다고 선포합니다. 어떤 면에서 이 말은 진리입니다. 하지만 하나님께서는 독생자 예수님께 그 권세를 다른 사람들에게 위임하도록 하셨다는 것도 진리입니다. 예수님께서는 아버지로부터 그 권세를 받으셔서 공생애 동안에 귀신들과 더러운 영들과 질병들이 떠나가도록 명하셨습니다. 그 영들은 그분의 권세를 알아봤고, 그분에게 복종했습니다.

예수님께서는 하늘나라로 돌아가시기 바로 전, 그분의 이름을 믿는 사람들이 그 권세를 사용할 수 있도록 위임하셨습니다. 이것은 진실한 성도에게 예수님의 이름을 사용하여 하나님께 구하고 귀신들과 질병들에게 떠나갈 것을 명령할 수 있는 권세를 주었습니다(요 14:10-14 참조). 이와 같이 예수님께서 이 땅에서 행하셨던 사역들은 그분의 부재 시에도 계속될 수 있는 것입니다. 믿는 사람이 이 권세를 받아서 예수님의 이름을 경외함으로 사용하면, 예수님께서 직접 말씀하신 것과 동일한 효력이 있게 되는데, 이는 하나님께서 이러한 기도와 명령을 존중하실 것이기 때문입니다. 성도에게는 능력이 없으며, 그의 이름은 아무것도 할 수 없습니다. 하지만 예수님의 이름에는 모든 것들이 복종하게 됩니다.

예수님의 이름을 믿지 않고 예수님께 순종하지도 않는 사람들이 그분의 이름을 사용하려고 하면 아무런 결과를 볼 수 없게 됩니다. 오히려 그들은 그렇게 하다가 스게와의 일곱 아들처럼 "위조 능력"을 사용한 것에 대하여 벌을 받게 될 뿐입니다(행 19:14-16 참조).

**명령하신 말씀들**

성경에는 아픈 사람들을 위해서 기도한 사례들을 다루는 구절들이 매우 적습니다. 대다수의 사례는 권세를 가진 사람의 입에서 나온 몇 마디의 명령의 말 외에는 필요한 것이 없었습니다.

예수님께서는 병든 사람들을 위해서 기도하신 적이 없습니다. 그분께서는 병든 사람들을 치유하셨고, 귀신들에게 나가라고 명령하셨습니다.

베드로와 요한은 성전 미문에 앉아있던 사람을 위해 기도하지 않았습니다. 그들은 나사렛 예수의 이름으로 일어나 걸으라고 명령했습니다(행 3:6 참조).

바울은 보블리오의 아버지를 위해서 첫째로는 기도했고, 둘째로는 안수하여 치유했습니다(행 28:8 참조). 귀신들과 질병들은 예수님의 이름으로 명령하는 성도들에게 여전히 복종합니다.

나는 성경에서 이 진리를 깨달은 후로 아무리 흉악하게 귀신 들린 사람들이나 병든 사람들이라도 자유롭게 되고 치유되는 것을 보았습니다. 나는 명령의 말로 암, 갑상선종, 종양, 부비동염, 폐결핵, 천식, 심장병을 비롯하여 많은 질병이 치유되는 것을 목격했습니다. 나는 내가 특별한 은사를 받았다거나 하나님으로부터 특별한 은혜를 받았다는 것을 말하는 것이 아닙니다. 이것은 단지 하나님께서 믿는 자들에게 주시기로 약속하신 권세와 예수님의 이름으로 가능하다는 것을 말하고 있습니다.

비록 대다수의 경우에 예수님의 이름으로 명령하는 말이 병든 사람들을 구원하는 데 필요한 것이기는 하지만, 성경은 또한 몇몇 질병을 치유하기 위해서 기도가 필요하다는 것도 증명합니다.

만약 당신이 줄을 서서 치유기도를 받고 질병이 떠나도록 꾸짖어졌음에도 불구하고 아직 치유를 받지 못했다면, 야고보서 5장 14-16절에 예비된 것을 얻기를 주저하지 마세요. 당신이 치유되지 않은 것은 아마도 당신이 범한 죄의 결과 때문일 수도 있습니다. 만약 그렇다면, 당신이 질병과 죄에서 자유함을 받기 위하여 당신의 잘못을 고백하고 장로들을 초청하세요.

미리암이 모세를 대적한 죄의 결과로 나병이 걸렸을 때, 그녀와 그녀의 동생 아론은 모세에게 자신들을 위해서 기도해달라고 간청했습니다. 이에 모세는 "하나님이여 원컨대 그를 고쳐 주옵소서."(민 12:13)라고 부르짖었습니다.

주 예수 그리스도 안에 있는 참 성도는 하나님께서 회개하지 않은 죄인과 십자가의 원수를 치유하시지 않는다는 것을 압니다. 그는 예수님께서 행하시지 않을 일들에 대해서는 권세를 사용하지 않을 것입니다. 여전히 죄에 묶여 있는 사람들은 먼저 죄에서 자유롭게 되기를 위해서 기도해줄 사람들을 찾아야 합니다. 그들이 죄를 회개하면, 하나님의 치유에 대한 약속은 실제로 이루어질 것입니다.

"믿음의 기도는 병든 자를 구원하리니 주께서 그를 일으키시리라 혹시 죄를 범하였을지라도 사하심을 받으리라"(약 5:15).

**귀신들을 쫓아내기**

질병들의 다수는 직접적인 귀신의 억압으로 인한 결과입니다(행 10:38 참조). 예수님께서는 "귀신 들린 사람들과 귀신에게 눌린 사람들을 위해 기도하라." 하고 말씀하시지 않았습니다. 그분께서는 "귀신을 쫓으라." 하고 말씀하셨습니다. 기도만 가지고는 귀신들을 쫓아내지 못합니다. 금식과 기도로 하나님의 얼굴을 구하고 모든 죄를 회개하는 것은 기도를 받는 사람과 예수님의 이름으로 치유기도를 하는 사람에게 공히 필요합니다. 이렇게 하므로, 그들은 사탄과 싸워서 승리할 준비가 되는 것입니다. 귀신들은 믿음으로 예수님의 이름을 사용하여 명령하기 전에는 꼼짝도 하지 않을 것입니다. 그들은 나가지 않을 것이고, 자신들이 나갈 필요가 없다는 것을 알고 있습니다.

언젠가 예수님의 제자들은 예수님께서 아직 산에서 금식하시며 기도하고 계실 때에 한 소년 속에 있던 귀신을 쫓으려고 시도했습니다. 그들은 예수님 이름의 능력을 알고 있었습니다. 그들은 전에 귀신을 쫓은 적이 있었습니다. 그들은 그 소년 속에 있던 귀신이 나갈 줄로 확실히 믿었습니다. 그러나 이 끈질긴 귀신은 나가기를 거부했습니다. 그들은 자신들의 것으로 생각했던 권세를 사용했지만, 보라는 듯이 실패한 것으로 인해 적지 않게 충격을 받았습니다. 그러나 그들은 "우리가 기적을 행할 수 있었던 시절은 지나갔어."라고 말하는 것으로 만족하지 못했습니다.

예수님께서 그 귀신을 쫓아내시자, 그들은 자신들이 그 귀신을 쫓아내지 못한 이유를 여쭈었습니다. 이에 예수님께서는 "너희 믿음이 작은 까닭이니라. 진실로 너희에게 이르노니 만일 너희에게 믿음이 겨자씨 한 알 만큼만 있어도 이 산을 명하여 여기서 저기로 옮겨지라 하면 옮겨질 것이요 또 너희가 못할 것이 없으리라. 기도와 금식 외에는 이런 유가 나갈 수 없느니라."(마 17:20,21) 하고 대답하셨습니다. 그들은 믿음을 가지고 있을 때 귀신들을 제압할 수 있는 권세를 받은 것입니다. 그들은 하나님과의 사귐이 부족하여 믿음이 휴면하고 있었을 때에 무능력하게 되었습니다.

믿음은 하나님과의 독대하는 시간을 자주 가지므로 성장합니다. 그때에는 육체의 모든 욕구가 제거되는 시간입니다. 금식과 기도하는 시간은 우리가 사탄의 세력을 이기고 귀신에게 눌리고 억압당하는 사람들을 구원할 수 있도록 우리의 믿음을 강하게 만들어줍니다.

사탄은 갈보리 십자가 위에서 패배했습니다. 하지만 그는 자신의 패배를 인정하려 하지 않습니다. 그는 패배를 인정해야 할 때만 인정합니다. 사탄의 지경을 한 걸음씩 정복해야 합니다. 성령 충만한 사역자가 이렇게 하기 위해서는 사탄을 이긴 갈보리의 승리에 대한 확고한 믿음을 가져야 합니다. 그는 죄를 피하고 사사로운 이득에 관심을 갖지 않아야 합니다. 그는 사탄을 대적하는 하나님의 의를 위해서 서야 합니다. 그의 인생에는 십자가에 못 박히지 않은 육체가 있어서는 안 됩니다. 오직 그렇게 될 때에 사탄은 그에게 패배를 인정할 것입니다.

**성령세례를 받으라**

어떤 사람들은 치유의 능력을 행하고자 고대하면서도, 그 능력의 근원인 성령세례는 거부합니다. 예수님께서는 하나님께서 성령님과 능력으로 예수님에게 기름 붓듯 하시기 전까지는 어떤 기적과 축귀도 행하시지 않습니다(행 10:38, 요 2:11 참조).

예수님께서는 제자들에게 "오직 너희에게 성령이 임하시면 너희가 권능을 받을 것이다."(행 1:8)라고 약속하셨습니다.

만약 예수님께서 치유와 축귀를 혼자만 하시지 않으셨고, 그 제자들이 이 사역을 시작하기 전에 위로부터 성령님이 임하시고 능력을 받기까지 기다리도록 권고하셨다면, 귀신과 질병을 다스리는 능력과 권세를 구하는 오늘날의 사람들도 먼저 성령님으로 충만하게 되어야 합니다.

초대교회는 성령 충만했고, 하나님 중심이었고, 하나님을 경외했던 교회였기 때문에 강력했습니다.

초대교회가 120명(행 1:15 참조)에서 3,000명(행 2:41 참조)으로, 3,000명에서 5,000명(행 4:4 참조)으로, 5,000명에서 "큰 무리"로 성장한 것은 하나님의 초자연적인 능력이 역사했기 때문입니다. 성령님의 은사들은 역사했습니다. 초대교회는 하나님을 사랑했고, 죄를 범하는 것을 두려워했고, 성령님으로 충만했습니다.

하나님께서 이런 사람들을 찾으실 때에 죄에 눈이 멀고, 인간에 의해 컨트롤 당하고, 스스로 만족하고, 그리스도를 거부하고, 쾌락에 빠져 있고, 영화의 장면들이 머리에 가득하고, 담배를 피우고, 맥주를 마시고, 흥청망청하고, 심판을 받아 마땅한 세상에 부흥이 올 것입니다.

하나님께서는 교회가 하나가 되어 회개의 목소리를 높일 때에 이전처럼 이 땅에 부흥을 주실 것입니다. 우리는 초대교회처럼 "주여 이제도 그들의 위협함을 굽어 보시옵고 또 종들로 하여금 담대히 하나님의 말씀을 전하게 하여 주시오며 손을 내밀어 병을 낫게 하시옵고 표적과 기사가 거룩한 종 예수의 이름으로 이루어지게 하옵소서."(행 4:29,30)라고 부르짖어야 합니다. 그러면 수다한 무리가 다시금 구원받게 될 것이고, 성령님으로 충만하게 될 것이고, 하나님의 능력으로 치유 받을 것입니다.

하나님께서는 믿음으로 행하고 하나님의 명령들과 약속들을 믿는 사람들에게서 귀신들과 질병들을 이길 권세를 위임하는 것을 취소하시지 않았습니다.

CHAPTER 12

# 당신의 치유된 건강을 유지하라

하나님께서는 단지 당신을 치유하기로 보증하신 것만이 아니라 당신이 치유된 상태를 유지하실 것에 대해서도 보증하셨습니다. 그러나 치유의 약속은 하나님의 다른 약속들처럼 조건이 따릅니다. 하나님께서는 성경을 통해 우리가 어떻게 치유 받을 것인지, 그리고 어떻게 치유를 유지할 수 있을지에 대해서 말씀하십니다. 치유 받은 후에 무엇을 어떻게 해야 하는지를 알지 못하는 사람 중에는 자신들이 전혀 치유 받은 적이 없는 것처럼 변화가 없다는 것을 곧 발견하는 이들이 있습니다.

첫째로, 우리는 모든 질병이 귀신 들림이나 귀신의 역사로 말미암은 것은 아니지만, 하나님께서 질병을 만든 분이 아니라는 것을 기억해야 합니다.

사탄은 모든 질병에 대해서 여러모로 책임이 있습니다. 사탄은 활동적이고 교활하고 명석한 원수입니다. 그는 믿음을 사용하여 적극적으로 취한 바 된 영역 외에는 포기하지 않습니다. 사탄은 자신의 영역을 빼앗기면, 그것을 다시 차지할 기회를 지속적으로 찾습니다.

예수님께서는 약속들과 명령들만이 아니라 경고들도 주셨습니다. 경고 중의 하나는 마태복음 12장 43-45절에서 발견됩니다.

"더러운 귀신이 사람에게서 나갔을 때에 물 없는 곳으로 다니며 쉬기를 구하되 쉴 곳을 얻지 못하고 이에 이르되 내가 나온 내 집으로 돌아가리라 하고 와 보니 그 집이 비고 청소되고 수리되었거늘 이에 가서 저보다 더 악한 귀신 일곱을 데리고 들어가서 거하니 그 사람의 나중 형편이 전보다 더욱 심하게 되느니라."

**마귀에게 자리를 내어주지 마세요**

당신이 사탄의 능력으로부터 놓임을 받게 되면, 다시 말해 당신이 죄와 질병과 귀신의 억압과 귀신들림으로부터 자유롭게 되면, 당신의 집인 몸이 깨끗하게 유지하는 것뿐만 아니라 다시는 귀신에게 점령당하지 않게 해야 합니다. 사탄이 당신의 몸에서 나가면, 하나님의 성령께서 당신의 몸으로 오셔야 합니다.

당신의 집이 빈 것을 마귀로 하여금 발견하도록 허용하지 마세요.

만약 당신이 성령님으로 충만하지 않다면, 즉시 성령충만을 구하고, 충만한 상태에 머무세요.

하나님의 영이 당신 안에 거하시도록 하므로 당신을 지키시고 인도하시고 소유하시도록 하세요.

그리고 당신이 하나님의 영광을 위해서 사용하시도록 하세요. 그러면 사탄은 돌아오지 못하게 될 것입니다.

"마귀에게 틈을 주지 마세요"(엡 4:27). 마귀는 우리가 그에게 틈을 주지 않으면 우리에게 들어올 수 없습니다. 그리스도 안에 거하는 사람들은 사탄의 능력으로부터 안전합니다. 죄에게 틈을 주지 않게 하기 위해서 의와 성령님으로 충만하세요. 의심에게 틈을 주지 않기 위해서 성령님으로 충만하세요. 다른 영들에게 틈을 주지 않기 위해서 성령님으로 충만하세요.

치유 받은 사람이 죄를 범하고 부주의한 생활을 하면 집에서 쫓겨났던 더러운 영을 다시 불러들이게 됩니다.

예수님께서는 즉시 기적적으로 치유 받았던 사람에게 "보라 네가 나았으니 더 심한 것이 생기지 않게 다시는 죄를 범하지 말라."(요 5:14) 하고 경고하셨습니다.

원래의 더러운 귀신이 다시 들어오게 되면 다른 귀신들을 데리고 들어오기 때문에, 그 사람은 예전의 질병을 유지하는 것에서 멈추지 않고 더 악화됩니다. 그래서 믿음 안에 거하고, 하나님의 말씀을 읽고, 기도하면서 성찬에 참여하며, 마귀를 대적하는 것이 그리도 중요한 것입니다.

**"마귀를 대적하라. 그리하면 너희를 피하리라"**(약 4:7)

그리스도인은 죄에게 항복할 필요가 없습니다. 죄는 당신을 사로잡을 수 없습니다(롬 6:14). 그리스도인은 죄를 범하도록 부추기는 사탄의 유혹을 뿌리칠 능력이 있습니다. 날마다 죄를 회개하는 것보다 더 추천할만한 것은 없습니다. 날마다의 회개는 날마다 죄를 이기고 승리하는 것입니다.

또한, 믿음으로 질병이 당신의 몸에 들어오는 것을 거부할 수 있습니다. 같은 질병을 여러 번 치유 받은 것보다 더 나은 것은 치유 받은 상태를 유지하는 것입니다.

만약 당신이 당신의 몸을 위해 치유를 받게 된다면, 그것은 믿음으로 말미암습니다.

당신은 또한 믿음으로 치유 받은 상태를 유지하게 됩니다. 믿음을 가진 사람은 기뻐합니다. 그러나 믿음이 부족하여 아픈 사람은 고통과 질병으로 인하여 슬퍼합니다.

믿음을 가진 병자는 승리의 대가가 이미 지불되었고 약속되었고 현재 진행되고 있다는 것을 알기 때문에 기쁜 것입니다. 그는 무엇을 보고 느끼든지 마음으로 하나님을 찬양하며 기뻐할 것입니다.

이런 유의 믿음은 치유를 가져오는 데 절대로 실패하지 않습니다. 사탄은 자신이 끊임없이 대적하고 파괴해야 할 것이 우리의 믿음이라는 것을 알고 있습니다.

당신이 예전에 지니고 있었던 질병의 고통과 비슷한 고통을 느낄 때마다, 사탄은 즉시 당신의 마음에 당신이 결코 치유 받은 것이 아니라고 하거나 치유를 받았어도 유지되지 못했다고 속삭일 것입니다.

만약 당신이 오랫동안 하나님의 말씀을 듣지 못해서 당신 마음속에 있는 하나님의 약속들이 어렴풋해졌다면, 하나님의 말씀을 믿는 것보다 사탄의 속삭임을 믿는 것이 더 쉬워진다는 것을 발견하게 될 것입니다. 만약 당신이 사탄의 속삭임을 받아들이게 되면, 당신은 사탄의 속임수에 동의하게 되고 마음속으로 '내가 치유 받은 것은 오로지 내 생각이었어. 전혀 나아지지 않았어.'라고 말하게 될 것입니다. 당신의 마음은 무겁게 될 것이고, 당신의 믿음은 산산이 부서질 것입니다. 두려움이 당신의 마음에 들어올 것이고, 사탄이 당신을 다시 괴롭힐 수 있도록 문이 열릴 것입니다.

그러나 만약 당신의 마음에 하나님의 약속들이 밝고 선명하게 남아있다면, 당신은 여전히 하나님께서 말씀하신 그대로를 믿을 것이고, 예수님께서 사탄에게 시험받으셨을 때에 "기록되었으되…"(마 4:4,7,10)라고 하셨던 것처럼 대답할 것입니다.

예수님께서 채찍에 맞음으로 당신이 치유되었습니다(벧전 2:24 참조). 당신이 하나님의 강력한 약속들을 재고하면, 당신이 그분께서 약속하신 것을 요구하여 치유 받았던 때와 같이 마음이 기쁠 것입니다. 당신의 마음에는 하나님의 강력한 구원에 대한 찬양이 넘칠 것입니다. 하나님 말씀의 약속 위에 굳게 서세요. 그리고 마귀의 면전에서 하나님을 찬양하세요. 당신의 찬양은 마귀를 대적합니다. 마귀는 이런 믿음 앞에서는 머물러있을 수가 없습니다.

### 믿음의 분위기 속에 거하라

당신이 치유 받은 후에 하나님의 기적 행함의 능력을 믿지 않는 목사와 교사들이 사역하는 교회로 돌아가는 것은 커다란 실수입니다.

하나님께서는 디모데후서 3장 5절에서 이런 사람들에 대하여 설명하시면서 경고하셨습니다. "경건의 모양은 있으나 경건의 능력은 부인하니 이 같은 자들에게서 네가 돌아서라."

순전한 복음이 전해지고, 하나님의 능력과 및 아픈 육체들과 아픈 영혼들이 치유되는 역사가 인정되는 교회들은 많습니다. 이런 교회들에서 신앙생활하는 성도들과 어울리십시오. 이런 교회들에는 당신의 믿음을 성장시킬 영적 양식이 있으며, 당신은 치유를 필요로 하는 다른 사람들에게 용기를 주는 간증을 자유롭게 할 수 있습니다.

### 당신의 간증은 중요한 것이다

그리스도께서 한 마을에 들어가셨을 때, 나병환자 10명이 주님을 만났습니다. 그들은 소리를 높여서 "예수 선생님이여 우리를 불쌍히 여기소서."라고 말씀드렸습니다. 후에 그들은 제사장들에게로 가던 길에서 깨끗함을 받았습니다(눅 17:13-14 참조). 하지만 그들 중에 오직 한 사람만이 치유 받은 것을 인하여 하나님께 감사하며 영광을 돌렸습니다.

"그 중의 한 사람이 자기가 나은 것을 보고 큰 소리로 하나님께 영광을 돌리며 돌아와 예수의 발 아래에 엎드리어 감사하니 그는 사마리아 사람이라. 예수께서 대답하여 이르시되 열 사람이 다 깨끗함을 받지 아니하였느냐? 그 아홉은 어디 있느냐"(15-17절).

열 사람이 기적적으로 치유 받았으면, 열 사람이 돌아와서 하나님께 영광을 돌려야 했습니다. 하지만 오직 한 사람만이 치유 받은 것으로 인하여 예수님께 영광을 돌렸습니다. 나머지 아홉 명은 어디로 간 것일까요? 성경은 이에 대해서 말씀하지 않습니다. 하지만 성경은 나머지 아홉 명이 어디로 갔어야 할지에 대해서 가르칩니다! 그들은 예수 그리스도께로 돌아와서 영광을 돌려야 했습니다.

많은 사람이 밤마다 치유집회에 참석하여 질병을 치유 받을 때까지 줄을 섭니다. 그러나 그들은 결코 자신들이 받은 기적적인 치유에 대해서 그리스도께 영광을 돌리러 돌아오지 않습니다. 치유 받은 사람 중에는 치유집회에 다시 참석해서 간증할 수 없는 상황에 놓인 사람들도 있을 것입니다. 이런 경우,

그들은 자신들에게 치유사역을 행해준 교회나 선교회에 간증문을 써서 보내야 합니다. 현대인 중에는 감사할 줄 모르는 사람들이 너무 많습니다. 그들이 감사할 줄 모른다는 것은 그들이 간증하지 않은 것으로 인해 입증됩니다.

예수님께서는 거라사의 광인을 치유하신 후에 "집으로 돌아가 주께서 네게 어떻게 큰 일을 행하사 너를 불쌍히 여기신 것을 네 가족에게 알리라"(막 5:19)고 말씀하셨습니다.

만약 당신이 하나님의 능력으로 치유 받았다면, 가능한 대로 모든 공식 모임에서 간증하는 것을 잊지 마세요. 당신이 과거에 앓던 질병에 관해서 설명하고, 얼마나 오랫동안 고통을 당했는지에 대해서 말하세요. 만약 당신이 의사로부터 검진을 받은 적이 있다면, 당신이 받은 치유를 증명해줄 수 있는 모든 진단서와 사진과 엑스레이 등의 정보를 제시하세요. 당신이 즉시 치유되었는지, 서서히 치유되었는지에 대해서 말하세요.

당신의 간증은 매우 중요합니다. 당신의 간증은 다른 사람들이 질병으로부터 치유 받을 수 있도록 축복하고 용기를 주는 것뿐만 아니라 당신이 마귀를 이기는 데도 도움을 줍니다.

우리는 어린양의 보혈과 우리의 간증으로 마귀를 이깁니다(계 12:11). 당신의 입술로 하나님의 진리와 약속들의 실제에 대해 간증하면, 당신의 믿음이 성장할 것입니다. 사탄은 더 멀리 쫓겨날 것이고, 당신을 다시 정복하려 하는 사탄의 기회는 줄어들 것입니다.

마귀를 대적하고, 성령 충만을 유지하고, 하나님의 말씀을 먹고, 하나님의 약속들을 믿고, 믿음의 분위기를 구하고, 간증하기를 쉬지 마세요. 그리하면 당신이 치유 받기만 하는 것이 아니라 하나님의 능력으로 치유된 상태를 유지할 것입니다. 하나님께서는 이것에 대해서 약속하셨습니다. 하나님께서는 거짓말을 하시지 못합니다.

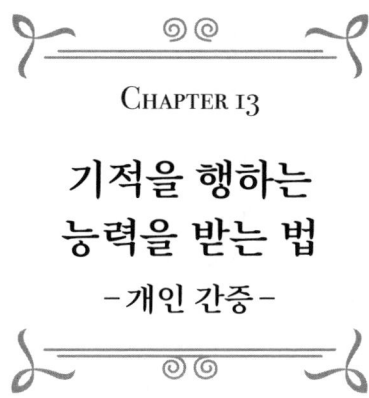

# CHAPTER 13

# 기적을 행하는 능력을 받는 법
## -개인 간증-

    이 장은 나의 책 『갑절의 기적의 능력을 받는 법』을 간략하게 요약한 것입니다. 이 장은 내가 홀로 골방에서 금식하며 기도할 때에 어떻게 하나님께서 나를 만나주셨는 지에 대한 개인 간증도 포함하고 있습니다. 그 기간에 하나님께서는 개인적으로 내 인생에 관한 13가지를 말씀하셨는데, 그것들은 나의 사역 속에 하나님의 기적 행함의 능력을 부어주신다는 내용이었습니다. 그분께서는 또한 그 13가지가 수많은 사람들로 하여금 하나님의 강한 능력을 알게 할 것이라고 말씀하셨습니다.

    이 책은 천국의 강력한 계시이며, 전적으로 성경적이고 교리적으로 건전합니다.

    내가 23살에 회심한 직후, 하나님께서는 나에게 사역을 위한 확실한 소명을 주셨습니다. 그 소명은 너무 확실해서 한 번도 의심해본 적이 없는 것이었습니다.

나는 감리교인으로서 성령세례에 관하여 아는 것이 하나도 없었습니다. 사실 회심하기 전, 나는 성경의 한 부분도 알지 못했습니다. 심지어 요한복음 3장 16절이나 사복음서가 뭔지 몰랐습니다. 그러나 회심하자마자 나의 마음에는 주님을 알고자 하는 강한 욕구가 생겼고, 성경을 연구하기 시작했습니다. 나는 가장 위대한 유익을 가져다 주는 성경말씀을 깨달을 수 있도록 인도해달라고 간구했습니다.

하나님께서는 성령세례와 따르는 표적과 성령님의 은사들과 하나님의 초자연적인 세계에 대한 진리를 계시하시기 시작했습니다.

그 후로 얼마 지나지 않아서, 하나님께서는 나를 오순절교회로 인도하셨는데, 나는 그 교회에서 하나님의 복과 성령님의 나타내심을 목격하기 시작했습니다. 그 교회의 집회에 참석하던 중에 나에게 필요한 것은 성령세례라는 것을 확신하게 되었습니다. 나는 성령세례를 경험할 수 있게 해달라고 하나님께 기도드리고 간구하기 시작했습니다.

회심한 지 30일이 지났을 때, 나는 오클라호마 주의 마이애미에서 열린 하나님의 성회 수련회에 참석하게 되었습니다. 그곳에서 나는 영광스럽게 성령님으로 충만함을 받게 되었고, 성령님께서 말하게 하심을 따라서 다른 방언들로 말했습니다. 나는 "오직 성령이 너희에게 임하시면 너희가 권능을 받고"(행 1:8)라는 말씀을 읽은 적이 있었기에 성령님으로 충만케 되기를 전심으로 기대했습니다. 이후로 나는 아픈 사람들을 치유하고 기적을 행하는 능력을 받았습니다. 그러나 얼마 가지 않아서, 나는 이런 능력을 행하기 위해서는 성령세례 외에 많은 것들이 필요하다는 것을 깨닫게 되었습니다. 성령세례는 이런 능력을 받을 수 있도록 합니다. 하지만 성령님의 은사들은 능력을 흘러가게 하는 통로 역할을 합니다. 나는 즉시 성령님의 은사들을 구하고 기도하기 시작했습니다. 나는 병든 사람들을 치유하는 능력을 소유해야 한다고 느꼈는데, 이는 하나님께서 누군가에게 복음을 전할 사명을 주실 때는 병든 사람을 치유하는 사명도 주신다는 것을 성경이 말씀하기 때문입니다.

회심한 지 2년이 지났을 때, 나는 결혼을 한 후에 사역을 시작했습니다. 나는 부흥회에서 항상 한 주에 두 번은 신유에 대해서 설교했고, 병든 사람들을 위해서 기도했습니다. 이 기간에 하나님께서는 내가 말씀을 증거하는 것을 기뻐하시므로 수다한 기적적인 치유들을 보여주셨습니다. 그러나 나는 하나님께서 더 위대한 것들을 주시고자 하는 계획을 가지고 계셨음을 알았습니다. 그래서 나는 하나님의 계획이 내 인생에 실제가 될 날이 올 것이라고 믿었습니다.

**하나님의 능력을 찾아서**

나와 내 아내는 자주 성경을 연구했습니다. 우리는 성경을 연구하면 할수록 하나님께서 약속하신 성령님의 은사들과 표적과 치유와 기적은 우리를 위해 예비하신 것들이라는 점을 더 확신하게 되었습니다. 하나님께서 그분을 섬기는 사역자들에게 이것들을 주시기로 약속하셨다는 것은 명백한 사실입니다. 그러나 우리가 하나님께서 약속하신 만큼의 능력을 소유하지 못하고 있다는 것도 사실입니다. 우리는 이 능력이 부족한 것에 대한 성경적 이유를 알게 되었습니다. 하나님께서는 거짓말을 하시지 않습니다. 문제는 우리에게 있는 것입니다!

나는 단독목회를 하는 동안에 내 사역 속에 표적과 기사가 따르지 않던 이유를 하나님으로부터 들어야 한다는 생각을 하게 되었습니다. 나는 금식하면서 기도하면 내 사역 속에 하나님의 기적 행함의 능력이 나타나지 못하도록 방해하는 것을 계시해주실 것이라고 느꼈습니다.

나는 하나님으로부터 응답을 받기 전에는 설교하기 위해서 다시 강단에 오를 수 없을 정도로 내 삶 속에 하나님의 능력이 임하기를 갈급해 했습니다. 나는 응답받기 위해서 금식기도를 해야겠다고 마음먹은 후에 그 계획을 아내에게 말했습니다.

그때는 내 인생에 있어서 가장 치열한 전투를 치르던 때였습니다. 사탄은 내가 하나님으로부터 응답받을 때까지 금식기도를 하는 것을 방해했습니다. 사탄은 자주 내가 기도골방에서 나오도록 속임수를 썼습니다. 사탄은 내가 일단 하나님과 연합되기만 하면, 그의 악한 짓을 방해할 것이라는 점을 알았습니다. 그래서 사탄은 내가 하나님과 연합하지 못하도록 온

힘을 다했습니다.

나는 날마다 기도골방으로 들어가서 하나님께서 나에게 말씀하실 때까지 머물기로 작정했습니다. 나는 재삼 재사 응답 없이 기도골방을 나와야 했습니다. 내 아내는 나에게 반복적으로 "응답 받을 때까지 골방에 머무를 것이라고 말하지 않았어요?"라고 말했습니다. 그러고는 부드러운 미소를 지으면서 "마음은 원이로되 육체가 약하구나."(마 26:41)하는 말씀을 기억했습니다.

나는 아내에게 "여보, 저는 정말로 지금 그렇게 기도하기로 작정했어요. 하지만…!"이라고 같은 대답을 반복했습니다. 내가 응답받기 전에 골방에서 나온 것에는 어떤 이유가 있는 듯했습니다. 나는 항상 '내일 온종일 기도할 것이다.'라고 말하면서 나 자신을 정당화했습니다.

이후에 상황들이 하나하나씩 풀리기 시작했습니다. 주님께서는 다니엘이 어떻게 금식하며 기도했는지에 대해서 내가 관심을 갖도록 하셨습니다. 다니엘은 사탄이 3주 동안 붙들고 있었던 기도응답을 사탄의 손아귀에서 빼앗았습니다(단 10:2,12 참조).

**영적 전투**

다음날 나는 골방에 다시 들어가서 무릎을 꿇었습니다. 나는 아내에게 하나님의 응답을 듣기 전에는 골방에서 나오지 않을 것이라고 말했습니다. 나는 정말로 그렇게 할 생각이었습니다. 몇 시간이 지난 후, 근사한 음식 냄새가 내 코를 자극하기 시작하자, 나는 골방에서 나와 부엌으로 가서 "여보, 이게 웬 맛있는 냄새에요?"라고 물어보았습니다.

식탁 앞에 앉아서 몇 분이 흐르자, 하나님께서 내 마음에 말씀하셨습니다. 나는 음식을 한입만 먹고서 식사를 멈추었습니다. 하나님께서는 나에게 말씀하셨습니다. 그 순간에 나는 이 세상에 어떤 것, 즉 어떤 음식이나 육체의 만족을 주는 것보다 하나님의 응답을 희구하기 전에는 응답받지 못할 것이라고 알았습니다.

나는 식탁에서 급히 일어나면서 아내에게 "여보, 이제는 하나님과 결판을 내야겠어요! 내가 골방에 들어가면 문을 밖에서 걸어 잠글 생각이에요. 하나님으로부터 음성을 들을 때까지 골방에서 나오지 않을 거예요."라고 말했습니다.

나는 이 말을 아내에게 매우 많이 했습니다. 아내는 내가 마귀를 충분히 이기기 위해 육체의 욕구를 억누를 수 있을지에 대해서 의아해하기 시작했습니다.

내 아내가 대답했습니다.

"오, 당신은 한 시간 정도 지나서 문을 열어달라고 문을 두드릴 것에요."

나는 아내가 골방 밖에서 문을 걸어 잠그면서 "여보, 언제든지 문을 두드리면 열어드릴게요."라고 말하는 소리를 들었습니다.

나는 "내가 그토록 오랫동안 원했던 응답을 받기 전에는 문을 두드리지 않을 거예요."라고 대답했습니다. 결국, 나는 무슨 일이 벌어지더라도 하나님의 음성을 들을 때까지 그곳에 머물기로 굳게 작정했습니다!

나는 그 골방 안에서 마귀와 및 육체와 더불어 몇 시간 동안 싸웠습니다! 그날은 너무 시간이 더디게 가는 듯했습니다. 나는 모든 것을 포기하려는 유혹을 수없이 받았습니다. 나는 응답을 못 받더라도 만족하려고 생각했습니다. 그러나 내 영혼 깊은 곳에서는 내가 포기하면 절대로 만족할 수 없다는 것을 알았습니다. 나는 골방에서 더 머물렀고, 그것으로는 충분하지 않다는 것을 발견했습니다. 그래서 계속 기다리기만 했습니다.

### 하나님의 방문

그때 하나님의 영광이 그 골방 안에 충만하게 임하기 시작했습니다. 골방의 실내장식이 빛을 발하기 시작하자, 나는 아내가 문을 연 줄로 생각했습니다. 하지만 문은 여전히 잠겨 있었습니다. 예수님께서는 천국의 문을 여셨고, 그 골방은 빛으로 넘치고 있었습니다. 그 빛은 하나님의 영광의 빛이었습니다!

나는 그 일이 벌어지기까지 얼마나 오랫동안 골방에 머물렀는지 모릅니다. 그것은 중요하지 않습니다. 내가 아는 것은 그때까지 기도했다는 것뿐입니다! 하나님의 임재는 매우 실제적이었고 강력했습니다.

나는 그곳에서 무릎 꿇은 채로 죽는 줄 생각했습니다. 만약 하나님께서 조금 더 가까이 다가오셨다면, 일어설 수 없을 것처럼 보였습니다. 하지만 나는 하나님의 임재를 원했고, 임재 안에 머물기로 작정했습니다.

이것이 내 기도에 대한 응답이었을까요? 하나님께서는 나에게 말씀하셨을까요? 하나님께서는 내가 지난 수년 동안 구하던 마음의 소원을 만족케 하셨을까요? 나에게는 하나님의 임재를 느끼는 것 외에 아무 의식도 없었습니다.

나는 하나님을 보려고 했지만, 하나님을 보게 되면 갑자기 죽을지도 모른다는 생각을 했습니다(출 33:20 참조). 다만 하나님의 영광스러운 임재만 있으면 충분했습니다!

만약 지금 하나님께서 나에게 말씀하신다면! 만약 하나님께서 "주여, 저는 왜 병든 사람들을 치유할 수 없나요?

왜 저에게는 주님의 이름으로 기적을 행할 수 없는 것인가요?

왜 저의 사역에는 베드로와 요한과 바울에게 따랐던 표적들이 따르지 않는 건가요?"라고 하는 나의 질문에 대답하신다면!

그때 홀연히 회오리바람 같은 하나님의 음성을 들었습니다!

하나님께서 말씀하신 것이었습니다!

그분께서는 나에게 말씀하시고 계셨습니다!

이것은 내가 23살 때에 회심한 이후로 기다려왔던 영광스러운 응답이었습니다!

그분의 임재 안에 있을 때, 나는 로키 산맥 기슭에 있는 작은 자갈 중의 하나처럼 느꼈습니다. 나는 그분의 음성을 듣기에 합당하지 않은 존재처럼 느꼈습니다. 그러나 그분께서는 내가 자격이 있어서 말씀하신 것이 아니었습니다. 그분께서 나에게 말씀하신 이유는 내가 그분을 필요로 하기 때문이었습니다.

20세기 전, 하나님께서는 그 능력을 주시기로 약속하셨으며, 그 약속을 지키셨습니다.

하나님께서는 어떤 사람이 나에게 말하는 것보다도 빠르게 말씀하셨습니다. 그 말씀은 내가 머리로 따라가기에도 빨랐습니다. 나는 마음으로 울부짖었습니다.

"조금만 천천히 말씀해주세요. 말씀하시는 것을 전부 기억하고 싶어요."

그러나 나는 그 말씀을 결코 잊을 수가 없습니다! 하나님께서는 그분의 능력에 대해 여러 가지를 말씀하셨습니다. 하나의 새로운 요구가 내 마음에 주어지면, 그 요구가 무엇을 의미하는지, 그리고 그 요구의 중요성에 대한 간략한 설명이 뒤따랐습니다.

만약 내가 그토록 많은 것들을 기억해야 했다는 것을 알았더라면, 연필과 종이를 가져왔을 것입니다! 나는 하나님께서 그렇게 길게 말씀하실지 전혀 기대하지 못했습니다. 나는 내가 하나님의 영광에서 그토록 멀리 떨어져 있었다는 것을 꿈에서도 생각해본 적이 없었습니다. 나는 그토록 많은 것들이 내 인생 속에서 의심을 만들어내고 내 믿음을 방해한다는 것을 깨달은 적이 없었습니다.

하나님께서 계속해서 말씀하시자, 나는 내 주머니에 연필이 있다는 것을 느꼈습니다. 결국, 나는 연필을 꺼낸 후에 종이를 찾기 시작했습니다. 그러나 종이를 찾을 수가 없었습니다. 그때 갑자기 내가 설교할 때 입었던 겨울 양복이 가득 담겨 있던 종이상자를 사용하면 된다는 생각이 들었습니다. 나는 상자에 받아 적을 예정이었습니다. 이제 나는 받아 적을 준비가 되어 있었습니다!

**인생을 변화시키는 목록**

나는 주님께서 말씀하셨던 것들을 내가 하나씩 받아 적을 수 있도록 다시 말씀해주실 것을 부탁드렸습니다. 나는 그 내용을 종이에 받아 적을 수 있기 위해서 그분에게 조금만 천천히 말씀해주실 것을 여쭈었습니다.

하나님께서는 나에게 이미 계시하셨던 많은 것들을 처음부터 다시 말씀하기 시작하셨습니다. 그분께서 말씀하시는 동안, 나는 그것을 받아 적었습니다.

내가 하나님께서 말씀하신 목록 중에 마지막 요구를 받아 적었을 때, 하나님께서는 다시 한 번 말씀하셨습니다. 그분께서는 "이것이 너의 기도에 대한 나의 응답이다. 네가 이 목록의 마지막 요구에 순종하면, 내 이름으로 병든 사람들을 치유할 뿐만 아니라 귀신들을 쫓을 것이다. 네가 설교할 때에 강력한 기적들이 내 이름으로 일어나는 것을 보게 될 것이다. 보라, 내가 너에게 원수의 모든 능력을 이기는 능력을 주노라." 하고 말씀하셨습니다.

하나님께서는 내 사역을 방해하는 장애물들을 보여주셨습니다. 그 장애물들은 내가 하나님과 더불어 역사하는 것과 및 표적이 따르지 못하도록 방해했던 것들이었습니다. 그것들은 수천 수만의 사역자들을 방해했던 장애물들과 동일한 것들이었습니다.

이제 골방은 다시 어두워지기 시작했습니다. 나는 그분의 강력한 힘이 내 몸에서 빠져나가는 것을 느꼈습니다. 그분의 임재는 몇 초 더 남아있었습니다. 그리고 나는 홀로 남게 되었습니다. 홀로 남게 되었지만, 혼자가 아니었습니다.

나는 강력한 하나님의 임재 아래에서 몹시 떨었습니다. 나는 어두컴컴한 골방에서 보드지 상자의 바닥을 더듬으면서 그동안 받아 적었던 목록을 잘라냈습니다. 나는 그 목록을 손에 쥐었습니다. 결국, 나는 내 인생과 사역에 하나님의 능력을 받기 위해서 치러야 하는 대가의 목록을 쥐게 된 것입니다. 그 목록은 하나님의 기적 행함의 능력을 받기 위한 가격표였습니다!

나는 잠긴 문을 미친 듯이 두드렸습니다. 계속해서 두드리자, 결국 아내가 다가오는 소리가 들렸습니다. 그녀는 문을 열었습니다. 그녀가 나를 본 순간, 그녀는 내가 하나님의 임재 속에 있었다는 것을 알았습니다. 그녀의 입에서 나온 첫 마디는

"응답 받았군요!"였습니다.

"그래요, 여보. 하나님께서 하늘로부터 나를 방문하셨어요. 여기에 하나님의 응답이 적혀 있어요."

내 손에는 오랜 시간 동안 금식하고 기도하고 기다리고 믿은 결과의 대가로써 얻은 응답이 적혀 있는 색 바랜 갈색 보드지 조각이 있었습니다!

내 아내와 나는 그 목록이 적힌 종이를 테이블 위에 두고서 앉았습니다. 내가 그녀에게 골방에서 경험한 사건에 대해서 말하면서 그 목록을 읽어 내려가는 동안에 우리는 흐느껴 울었습니다.

내가 골방에서 나왔을 때에 보드지에는 13가지가 적혀 있었습니다. 그러나 나는 그 목록을 아내에게 보여주기 전에 마지막 두 개를 지워버렸습니다. 그것들은 그녀가 알아서는 안 될 만큼 개인적인 내용이었습니다. 그녀는 그 지워진 내용이 하나님과 나만 알고 있어야 할 것들이라는 점을 알았기 때문에 한 번도 물어보지 않았습니다.

이 11가지 요건들은 나의 책 『갑절의 기적의 능력을 받는 법』에서 한 장에 한 요건씩 설명되었습니다. 만약 당신도 하나님의 강력한 능력의 나타내심을 희구한다면, 이 책을 읽어보세요!

하나님께서 그 골방에서 말씀하신 이후로 세월이 많이 흘렀습니다. 실제로 나는 달력을 몇 번이나 바꿔야 했습니다. 나는 시간이 흐름에 따라서 그 목록의 요건들에 하나씩 표시했습니다. 사탄과의 싸움에서 승리를 외칠 때마다 각 요건에 표시하므로 그 목록은 점점 줄어들었습니다.

결국, 나는 마지막 두 요건까지 내려오게 되었습니다. 사탄은 나에게 "너는 11가지 요건들까지 표시했다. 그러나 나머지 두 개는 절대로 표시하지 못할 것이다! 내가 너를 더는 못하게 만들었어."라고 말했습니다.

하지만 나는 하나님의 은혜를 입어서 "너는 거짓말쟁이야!"라고 마귀에게 말할 수 있었습니다. 만약 하나님께서 내가 그 요건들에 모두 표시할 수 있다고 말씀하셨다면, 그분께서는 내가 그것을 할 수 있도록 도우셨을 것입니다! 하지만 마지막 두 요건들에 표시하기까지는 적지 않은 시간이 필요했습니다.

나는 그 요건 중에서 마지막 하나가 남아있는 것을 보았던 날을 결코 잊을 수가 없을 것입니다! 마지막 요건에 표시하게 되면, 하나님께서 나에게 약속하신 것을 요구할 수 있게 되는 것이었습니다. 할렐루야!

나는 그 약속을 요구해야 했습니다! 수천만의 사람들이 의학적인 도움을 받지 못한 채로 고통 당하고 있습니다. 누군가는 그들에게 치유를 가져다 주어야 합니다. 하나님께서는 사람들에게 치유를 가져다 주기 위해서 나를 부르셨습니다. 또한, 하나님께서는 동일한 일을 위하여 모든 복음사역자들을 부르셨습니다(겔 34:1-4 참조).

내가 미국 전역을 다니면서 복음을 증거할 때마다 하나님께서는 집회 위에 성령님의 능력을 부으셨습니다. 하지만 나는 그 마지막 요건에 표시할 때에 이전에 본 적이 없던 기적들을 보게 될 것이라는 점을 알았습니다.

나는 그 동안 승리를 얻기 위해 인내로써 견디고, 최후 승리가 올 때까지 하나님을 신뢰했습니다.

나는 승리가 내 것이 될 때에 하나님께서 영광을 받게 되실 것이고, 다른 사람들도 그분의 능력을 구할 용기를 얻게 될 것이라는 점을 알았습니다.

**하나님의 능력의 위대한 역사**

이 책을 쓰는 동안, 나는 "하나님의 치유 부흥으로 돌아가라!"의 주제로 캘리포니아 오클랜드에서 집회를 인도했습니다. 많은 사람이 이 집회는 오클랜드 역사상 가장 강력한 부흥이었다고 말했습니다. 하나님의 능력이 이토록 역동적으로 나타난 것을 목격한 적이 없었다고 수백 명이 말했습니다. 밤마다 거룩한 영광의 물결이 회중을 휩쓸고 갔습니다. 수다한 사람이 자리에 앉아 있는 동안에 치유 받았다는 것을 간증했습니다. 우리는 집회 시마다 하나님의 강력한 능력을 재삼 느꼈습니다. 사람들은 즉각적으로 받은 치유에 대해서 간증하기 위해 일어섰습니다. 어떤 이들은 눈으로 확인할 수 있는 기적을 체험했습니다. 외관상으로 확인되던 종양들이 사라지고 앉은뱅이들이 온전하게 되었습니다.

내가 예수님의 이름으로 안수할 때에 갑상선종이 흔적도 없이 사라졌습니다!

눈먼 사람들이 눈을 뜨자 수많은 사람이 소리를 질렀습니다. 어떤 여자는 "어둠에서 나와 햇빛으로 들어가는 것 같았어요."라고 간증했습니다.

우리는 식도에 문제가 있던 한 여자를 위해 기도했습니다. 몇 초 후에 그녀는 화장실로 달려갔습니다. 그녀는 집회장소에 돌아와서 간증하기를 "기도 받은 후에 목구멍에서 뭔가가 떨어지더니 입으로 넘어왔어요."라고 했습니다. 그녀는 그것을 뱉어내기 위해 화장실로 달려간 것이었습니다. 그것은 암으로 추정되는 희기도 하고 붉기도 한 종양이었습니다.

어른의 몸에서 주먹만한 탈장이 밤사이에 사라졌습니다. 우리가 안수하면 암, 청각장애, 종양, 갑상선종, 당뇨가 예수님의 이름으로 사라졌습니다. 통증의 원인이 밝혀진 질병들과 밝혀지지 않은 질병들도 사라졌습니다. 많은 사람이 의사의 진단서와 엑스레이를 가져와서 자신들이 받은 치유를 증명했습니다.

우리는 하나님의 기적 행함의 능력에 놀랐습니다. 하나님의 기적 행함의 능력은 밤마다 집회가 시작할 때부터 역사했습니다. 수백 명이 원수의 능력으로부터 건짐받았고 구원받았고 치유 받았고 성령충만을 받았습니다.

그 집회 기간에는 '치유기도를 받기 위한 줄'에 서 있기란 불가능했습니다. 내가 안수했던 사람 중에 90%는 하나님의 강력한 능력 아래 즉시 쓰러졌습니다. 어떤 사람들은 쓰러지기 전에 춤을 추거나 술 취한 것처럼 흐느적거리기도 했습니다(렘 23:9 참조). 이런 상황에서는 사람들이 기도 받은 후에 간증하러 강단으로 올라오기가 불가능했습니다.

많은 사람이 이런 현상을 일컬어 광신이라고 하지만, 이것은 광신이 아닙니다! 이것은 하나님의 백성 위에 임하는 하나님의 강력한 능력입니다. 이런 현상은 요한이 주님의 발 앞에 쓰러지게 했던 것과 동일한 기적의 능력입니다(계 1:17 참조).

굉장히 많은 환자가 기적적으로 치유 받은 것은 이 집회의 가장 현저한 결과였다고 다수가 말합니다. 조심스럽게 어림잡아, 기도 받은 사람 중에 적어도 90% 또는 그 이상이 기적적으로 치유 받았습니다.

어느 날 밤의 집회는 '성령님의 밤'이라고 명명되었습니다. 집회장소는 강단에 놓인 긴 의자들에서부터 출입구까지 사람들로 가득 찼습니다. 성령님으로 충만함을 받거나 재 충만을 받은 사람들의 수를 새려면 시간이 적지 않게 들 것입니다. 우리는 그 집회 시에 사도행전 8장 17절에 따라서 성령충만을 구하는 사람들에게 안수할 것이라고 광고했습니다. 설교가 끝난 후, 예배 시에 성령 충만을 경험하지 못한 사람들이 기도를 받기 위해서 강단 앞으로 나왔습니다. 우리가 안수했던 사람들은 소수를 제외한 모든 사람이 바닥에 쓰러졌습니다. 그 후에 강단 위에서 '주님의 권능 아래에서 쓰러진 수다한 사람'을 보는 것은 범상치 않은 광경이었습니다. 사람들은 강단과 복도에도 쓰러진 채 있었습니다!

천국의 음악소리 같이 감미로운 음성들이 하나가 되어 하나님을 찬양했습니다. 성령님께서는 순종하는 성도들에게 충만하게 임하셨고, 그들은 다른 방언을 말하기 시작했으며, 하나님을 높였습니다(막 16:17; 행 10:46 참조).

비록 내가 치유의 은사를 소유하고 있다는 것을 말하지 않더라도, 그 집회와 다른 집회 시에 수백 명이 기적적으로 치유 받았습니다.

나는 성령님의 은사 중의 하나라도 소유하고 있다거나, 또한 다른 사람들에게 성령님의 은사들을 전이할 능력이 있다고 말하지 않았습니다. 하지만 그때에는 밤마다 성령님의 은사들이 작용했습니다. 하나님께서는 따르는 표적으로 그 말씀을 확실히 증거하셨습니다!

**최후 승리!**

내 사역 속에서 이러한 변화를 보게 된 이유는 무엇일까요? 당신은 왜냐고 물을 것입니다.

아직도 추측되지 않았습니까?

결국, 그 목록의 마지막 요건에 표시가 되었습니다!

할렐루야!

나는 내가 사는 동안에 그 마지막 요건에 표시하는 것에 대한 소망을 거의 포기하려고 했던 적이 많았습니다. 하지만 결국 나는 그것에 표시했습니다!

하나님의 은혜로 그것은 영원히 표시되었습니다!

내 목록의 마지막 요건에 표시가 됨과 동시에 하나님의 약속이 이루어졌습니다. 하나님의 말씀이 증거되었을 때에 병든 사람들이 치유되고, 귀신들이 쫓겨나고, 강력한 기적들이 예수님의 이름으로 일어났습니다!

당신은 당신의 삶 속에 하나님의 능력이 임하기를 학수고대하고 있습니까?

그렇다면 하나님과 독대하십시오.

열린 마음으로 하나님을 바라고, 당신과 하나님 사이를 가로막고 있는 것들이 무엇인지 보여달라고 구하세요(사 59:1-2 참조).

당신에게 의심과 불신을 넣어주는 모든 것들을 이길 때까지 멈추지 마세요!

이것은 '비법'이 아닙니다.

이것은 쉬운 방법이 아닙니다.

하지만 이것은 역사합니다.

이것은 어렵고 외로운 길처럼 보일 수 있습니다.

하지만 하나님께서는 이것을 행하는 사람들에게 기적 행하는 능력을 주실 것이라고 성경에서 약속하셨습니다!

만약 당신이 당신 삶에 더 강력한 하나님의 능력이 임하기를 위해서 진실로 희구한다면, 내 책 『갑절의 기적의 능력을 받는 법』〈예찬사 출간〉을 읽어보십시오.